青岛科技大学学术专著出版基金资助

林 琳 著

双元创业决策逻辑演化机制研究

SHUANGYUAN CHUANGYE JUECE
LUOJI YANHUA JIZHI YANJIU

中国财经出版传媒集团
经济科学出版社
Economic Science Press

图书在版编目（CIP）数据

双元创业决策逻辑演化机制研究 / 林琳著. —北京：经济科学出版社，2021.12

ISBN 978 – 7 – 5218 – 3336 – 2

Ⅰ.①双… Ⅱ.①林… Ⅲ.①创业 – 决策 – 研究 Ⅳ.①F241.4

中国版本图书馆 CIP 数据核字（2021）第 265806 号

责任编辑：凌　健　杜　鹏
责任校对：隗立娜
责任印制：邱　天

双元创业决策逻辑演化机制研究

林　琳　著

经济科学出版社出版、发行　新华书店经销
社址：北京市海淀区阜成路甲 28 号　邮编：100142
总编部电话：010 – 88191217　发行部电话：010 – 88191522
网址：www.esp.com.cn
电子邮箱：esp@esp.com.cn
天猫网店：经济科学出版社旗舰店
网址：http://jjkxcbs.tmall.com
北京时捷印刷有限公司印装
710×1000　16 开　12.5 印张　220000 字
2021 年 12 月第 1 版　2021 年 12 月第 1 次印刷
ISBN 978 – 7 – 5218 – 3336 – 2　定价：69.00 元
(图书出现印装问题，本社负责调换。电话：010 – 88191510)
(版权所有　侵权必究　打击盗版　举报热线：010 – 88191661
QQ：2242791300　营销中心电话：010 – 88191537
电子邮箱：dbts@esp.com.cn)

前　　言

创业活动已成为推动当前社会经济发展的重要力量，但是环境的高度不确定性加剧了创业活动的失败，在日益多变且动态复杂的创业环境中，创业者如何快速做出合理决策并付诸行动，是新创企业实现生存乃至成长的重要问题。因而急需开发出一种行之有效的决策方法及机制来帮助创业者及其创建的新创企业应对挑战。

萨阿斯瓦斯（Sarasvathy）提出的效果推理和因果推理是两种最基本的创业决策逻辑，也是应对不确定性时进行决策所遵循的两种主要逻辑，其中因果推理逻辑强调的是预测、评估，而效果推理逻辑强调的是非预测和控制。有研究表明，效果推理和因果推理可视作一种双元性，属于组织双元理论在战略研究领域的体现。目前，双元视角下的效果推理与因果推理相关研究更多的是探索两者交互与绩效之间的线性关系，以及两者之间时空分离的间断平衡关系。本书充分借鉴已有研究的结论与观点，拟从悖论及阴阳观视角出发，采用静态和动态相结合的方法，探索两种创业决策逻辑之间的动态平衡演进机制及其与新创企业绩效之间的非线性关系，以弥补现有研究的空缺，并回应现有研究的争议。全书主题集中，研究视角由静态到动态不断递进，通过定性、定量研究手段，实现对研究主题的实证验证与动态仿真。

本书的主要内容包括以下五个方面：第一，围绕组织双元性、效果推理理论等相关理论进行文献梳理，构建悖论视角下的效果推理、因果推理双元创业决策逻辑的理论模型并进行理论分析。第二，基于理论分析，整合效果推理、因果推理，并考虑两者交互对新创企业绩效作用，构建理论模型，明确提出双元创业决策逻辑与新创企业绩效之间的非线性关系假设。第三，以上述理论模型为研究抓手，通过 MPLUS 以及结构方程模型检验并验证了双元创业决策逻辑与新创企业绩效之间的六个研究假设。第四，描述创业决策逻辑演进系统内的构成要素及因果关系，构建系统动力学流图。通过横截面数据主要探索双元创业决策逻辑与新创企业绩效之间的静态关系，可能会忽略两者之间的适应性演进过程以及形成的动态平衡关系。本书基于复杂系统理论的基本思想，采用系统动力学方法，构建相关的因果关系图与流图，并基于相关理论，设置了流图中关键变量之间的数理关系。第五，揭示了环境不确定感知下效果推理、因果推理、动态能力、探索式学习、利用式学习等变量的动态演化趋势，探究了双元创业决策逻辑与新创企业长期绩效、短期绩效之间的长期动态关系，分析了系统外变量对系统动力学模型的敏感性。采用系统动力学仿真软件 VENSIM PLE 模拟了新创企业 96 个月的知识累积存量、长期成长绩效、短期财务绩效等系统关键变量的动态演化趋势，并分析了环境不确定性感知对系统中关键变量之间关系的调节效应。

据此，得出以下主要结论：第一，悖论作为当前不确定环境中的"新常态"，广泛存在于企业管理的各个领域，通过梳理发现双元创业决策逻辑存在四个维度的悖论要素，并总结了双元创业决策逻辑四个维度之间的相生相克关系。结合系统思维从更广泛的视角将悖论矛盾各方互动转化的机制研究引向深化和一般化，也成为后续研究重要的理论基础。第二，基于 203 份企业样本的问卷调查与统计分析，对阴阳观视角下效果推理和因果推理对新创企业绩效影响的六个假设进行了实证研究。具体结论包括：(1) 效果推理与因果推理分别与新创企业绩效呈现倒"U"型和"U"型关系；(2) 效果推理与因果推理的交互作用与新创企业绩效呈倒"U"型关系，效果推理和因果推理这两种创业决策逻辑彼此不是对立互斥，而是平等的且相互补充的关系；(3) 环境不确定性感知正向调节效果推理、因果推理以及两者交互与新创企业绩效之间的非线性关系。第三，作为两种最主要的创业决策逻辑，效果推理和因果推理始终存在于创业过程中，创业者在决策过程中也始终面临着两者的悖论管理问题，创业决策对于创业者及其创办的新创企业的存续与发展至关重要，客观面对并恰当处理创业决策悖论是创业者提升绩效、实现创业成功的关键问题。双元创业决策逻辑在共存共生阶段呈现出"融而不合"的"螺旋式"动态平衡。这种动态平衡不仅有利于提升新创企业的长期绩效和短期绩效，而且可以更好地帮助创业者抵抗不确定性，从而缓解新创企业面临的新创弱性。

  首先，本书充分借鉴已有的相关研究，对组织双元理论、悖论、阴阳观等理论在组织管理中的应用进行了理论上的梳理，开拓了相关理论在具有不确定性的创业决策领域的应用，厘清了双元创业决策逻辑四个维度悖论要素的相生相克关系，完善了组织双元理论在创业领域的应用内涵。其次，在阴阳观视角下探讨效果推理、因果推理这一创业决策逻辑悖论与新创企业绩效之间的关系，重新探讨了创业者对环境不确定性的感知在双元创业决策逻辑与新创企业绩效之间非线性关系的调节作用，对效果推理、因果推理以及两者的交互作用与新创企业绩效的情境性边界进行了延伸，丰富并深化了效果推理理论。最后，从系统整体观出发，利用系统动力学方法进一步探索了双元创业决策逻辑对新创企业绩效的动态效应，并着重刻画创业决策过程中效果推理、因果推理逻辑的动态平衡与演化过程，使得人们双元创业决策逻辑的认知更加立体化。

目　　录

第1章　绪论 ………………………………………………（ 1 ）

    1.1　研究背景 …………………………………………（ 1 ）

    1.2　研究意义 …………………………………………（ 4 ）

    1.3　研究目标和研究内容 ……………………………（ 7 ）

    1.4　研究方法和技术路线 ……………………………（ 9 ）

第2章　相关理论基础与文献综述 ………………………（ 13 ）

    2.1　相关理论基础 ……………………………………（ 13 ）

    2.2　奈特不确定性与创业决策 ………………………（ 33 ）

    2.3　环境不确定性及其感知 …………………………（ 37 ）

    2.4　新创企业绩效文献综述 …………………………（ 42 ）

    2.5　悖论视角下双元创业决策逻辑关系理论

        构建分析 …………………………………………（ 46 ）

    2.6　本章小结 …………………………………………（ 53 ）

第3章　创业决策逻辑与新创企业绩效关系的

        理论模型构建 …………………………………（ 55 ）

    3.1　效果推理、因果推理创业决策逻辑

        与新创企业绩效 …………………………………（ 55 ）

1

3.2 环境不确定性感知的调节效应 …………………………… （64）
3.3 假设汇总与概念模型 ……………………………………… （69）
3.4 研究设计 …………………………………………………… （71）
3.5 本章小结 …………………………………………………… （81）

第4章 实证研究与结果讨论 …………………………………… （82）
4.1 数据收集 …………………………………………………… （82）
4.2 描述性统计及共同方法偏差检验 ………………………… （84）
4.3 信效度检验 ………………………………………………… （88）
4.4 假设检验 …………………………………………………… （95）
4.5 稳健性检验 ………………………………………………… （101）
4.6 结果分析与讨论 …………………………………………… （104）
4.7 本章小结 …………………………………………………… （108）

第5章 创业决策逻辑动态演化模型的构建 …………………… （110）
5.1 研究方法及其适用性 ……………………………………… （110）
5.2 理论拓展与研究框架 ……………………………………… （114）
5.3 系统动力学模型因果关系图及主要反馈 ………………… （119）
5.4 模型假设及流图 …………………………………………… （122）
5.5 本章小结 …………………………………………………… （123）

第6章 创业决策逻辑动态演化仿真过程研究 ………………… （125）
6.1 系统动力学方程设计 ……………………………………… （125）
6.2 创业决策逻辑适应性演化动态仿真 ……………………… （127）
6.3 系统运行仿真结果分析 …………………………………… （140）
6.4 本章小结 …………………………………………………… （145）

第7章　结论与展望 ……………………………………（146）

7.1　主要工作与创新点 ………………………………（146）

7.2　管理启示 …………………………………………（150）

7.3　不足与展望 ………………………………………（153）

附录1　调查问卷 …………………………………………（155）

附录2　系统动力学模型方程 ……………………………（162）

参考文献 ……………………………………………………（165）

第 1 章 绪　　论

本章是导引性章节，重点介绍了本书的背景、问题、意义，并针对研究问题设计了相应的研究方案以及技术路线图。

1.1　研究背景

1.1.1　现实背景

在新经济时代，伴随着信息技术革命、经济深度转型以及市场竞争关键点的不断转移，涌现出一批希望通过创办新企业（以下简称"新创企业"）抓住机遇并创造辉煌的创业者。然而面临转型的新经济背景下，创业环境的高不确定性使得创业者在决策时常常面临挑战，如目标与方法不够清晰、市场需求有待深入发掘、主导技术更迭速度加快等，而作为创业者及其新创企业由于"新创弱性""新进入缺陷"等原因，不仅不可能拥有满足顾客需求的所有资源及能力，即便新创企业愿意去独自打造并构建所需的资源和能力，常常面临相当大的机会成本和风险，而且缺乏做出有效决策可供参考或激发启示的范本。而与此同时，创业更多地介于精密计划与非系统性试错之间，创业决策是触发创业行为的关键事件，会影响整个企业的生存发展以及创业成功与否（Sarasvathy，2001），根据西蒙的"管理即决策"这一观点，创业者要不断面临决策，有效的创业决策不仅可以指导创业行为，还能帮助企业发现机会并获得竞争优势。或者说，很多决策失误是新创企业陷入困境甚至导致失败的重要原因。因此，在高度不确定的创业情境中采取合适的创业决策逻辑以获取和创造价值是新创企业生存与成长中面临的重要课题。

创业决策是一个涉及多方面的复杂行为，在新经济背景下，政策法规、市场竞争以及信息技术变化中都蕴含着大量可利用的创业机会，而资源作为创业活动开展的基本保障，特别是那些稀缺的、难以模仿的内外部资源（如知识资源），对于创业关键核心能力的形成至关重要。更加准确地识别市场机会、整合有价值的资源，并逐渐形成核心能力，在此基础上进行科学决策，是新创企业创业成功的基本保证。创业者作为创业活动的发起者，其认知和行为是理解创业行为或者创业经济的关键，创业者获取、存储、转化和使用信息的方式就是创业决策逻辑在经营方向的选择上起到的关键性作用，其还通过机会识别、知识积累等方式对新创企业的各种绩效产生重要影响。

1.1.2 理论背景

对于创业决策逻辑，萨阿斯瓦斯（Sarasvathy，2001）首次将其划分为因果推理和效果推理两种，其中因果推理作为传统的决策逻辑是指创业者在决策过程中以既定目标为导向，选择手段以实现目标，适用于较为稳定的经营环境中。而创业环境总是高度动态、模糊以及不可预测的，创业者并不总会掌握识别和评估机会所需的全部信息。此情况下，效果推理应运而生，其主要是指创业者在外部不确定性因素的干扰下，倾向于采取以手段为导向的决策逻辑，根据环境中出现的机会选择适合的手段以实现目标。因果推理逻辑和效果推理逻辑是企业进行战略创业决策的关键逻辑（郭润萍等，2017）。

萨阿斯瓦斯（2001）在其首次提出效果推理理论时指出，因果推理和效果推理是决策者在面临不同不确定程度的环境时可供采用的两种主要决策逻辑，决定后续的创业决策及行为。因果推理来源于决策理论中的有限理性，是指决策者在既定目标基础上搜寻可行方案并从中挑选成本最低、效率最高的方案。效果推理并不预先定义一个市场目标，是决策者以一切手头可利用资源和方法为出发点，在不同资源约束环境下通过调整市场目标与产品设计构想，最终获得绩效成长的过程。效果推理框架下的研究主要包括决策逻辑应用研究以及影响因素探讨。相关研究多聚焦于因果推理与效果推理的差异性，将两种决策逻辑视为一个连续变量的两端，认为两者具有对立关系，但两种决策逻辑并不是互相对立和冲突的。例如，雷曼等（Reymen et al.，2016）指出，因果推理和效果推理具有互补性，有效整合两种决策逻辑有助于企业实现最优创业结果。此外，选择创业决策方式时需要更多考虑情境变化因素，以及多种因素协同作用结果，探索创业决策逻辑形成机制。

效果推理理论自提出以来研究进展迅速。早期研究聚焦于效果推理的核心内涵、多维度特征结构及影响因素，此外，国内外学者还分别从不同角度开展了效果推理理论的综述研究。近年来，学者们逐渐关注效果推理与因果推理，探索其前因及结果变量的作用情境及相应机制，聚焦两种决策逻辑对相关绩效的作用与影响。实际上，虽然在企业的新创阶段，由于新创弱性，创业者不可避免地产生效果推理下的拼凑行为，但在一定程度上也使用了因果推理。例如，奥尔特加（Ortega，2017）认为，混合决策逻辑在新创企业发展过程中可能不同程度的存在或共存；菲特雷（Futterer，2018）在研究中通过运用结构方程模型发现,在适度增长的行业中,两种决策逻辑均呈有效状态;王玲玲等(2019)研究指出,在新颖型商业模式设计过程中,两种决策逻辑均起到显著推进作用,并且外界不确定性会调节两种不同决策逻辑的作用效果;斯莫尔卡等(Smolka et al.,2018)验证了两种创业决策逻辑的组合对相关绩效的正向作用。总之,越来越多的学者认为效果推理与因果推理这两种创业决策逻辑之间不是简单的对立冲突关系,两者可以共生共存。因此,本书在已有相关研究的启发及基础上,拟融合效果推理与因果推理两种决策逻辑方式,以新创企业绩效衡量创业决策逻辑的有效性,进一步探究并揭示两者之间的互动与平衡关系,丰富效果推理理论和组织双元理论,为提升高度不确定性情境下的创业者创业决策的有效性、提升新创企业绩效提供理论借鉴。

1.2 研究意义

1.2.1 理论意义

(1) 本书的理论创新之一就是把阴阳思维引入创业领域,解决创业决策逻辑存在的悖论问题,这不仅检验并证实了双元创业决策逻辑的非线性效应,而且丰富了效果推理理论以及创业决策的相关理论。悖论属于元理论,广泛存在于管理领域当中。已有相关研究普遍采用阴阳思维来解决管理中的悖论问题,这些研究为管理领域存在的管理悖论问题研究提供了重要的理论借鉴。悖论视角下的双元创业决策逻辑研究,有利于对效果推理理论形成更为全面的认识,有助于跳出两种决策逻辑比较研究的窠臼,对推进效果推理理论发展具有重要意义。已有的研究中大多数认可效果推理逻辑对相关绩效的正面作用,较少涉及其"阴暗面",实际上双元理论视角下的创业决策逻辑并非面对"二选一"的传统思维,而是"二者皆"的逻辑,为突破创业决策逻辑的矛盾与张力,摸索本土化创业决策的可持续整体动态平衡路径及其有效机理。本书对于效果推理逻辑中的"阴暗面"的探索,有利于形成对效果推理更为全面的认识(于晓宇和陶奕达,2018)。在已有研究中,两种创业决策逻辑之间的关系充满争议,而且两种逻辑的四个维度之间具有类似于竞争与合作、创新与稳定、探索与利用等相生相克的关系,因此,本书拟从阴阳平衡视角出发,同时借鉴双元创新构念,聚焦创业决策逻辑存在的悖论问题,探索双元创业决策逻辑可能存在的非线性关系以及两者的动态持续性平衡问题,利用静态数理统计方法以及动态仿真方法揭示了双元创业决策逻辑与新创企业绩效之间的非线性关系,以及两者在创业过程中的共生共存相互融合的互动关系,通过两者的互动推进新创企业持续学习和知识的获取与应用,以及推动吸收能力、创新能力等动态能力的发展,最终克服不确定性的影响,实现新创企业长短期绩效的提升,增加创业成功概率。

(2)本书的第二个理论意义在于将东方哲学智慧注入组织战略管理领域,并且丰富了组织双元理论的内涵。在各种组织管理文献中,学者们一致认为双元是解决探索与利用困境的有效方法,而已有研究认为效果推理与因果推理也可视作一对双元概念。早期的组织双元研究坚持"二分法"原则,相关研究也是主要围绕着探索与利用的对立与冲突展开,探索与利用只通过时间和空间的分离来实现共存,忽略了两者之间的相互依存关系。而本书拟在悖论视角下,探究效果推理、因果推理这一对创业决策逻辑悖论的动态平衡机制,揭示了探索与利用之间的关系既相互冲突又相互依存。这一逻辑关系的解释为组织双元的研究提供了新的洞见,即在整个业务单元中可同时实现探索和利用的行为能力。为后续组织双元研究新启发、新视角,从依赖于分离的方式转换到更综合的、能够使探索与利用产生协同效应的方法上。

总之，本书主要围绕阴阳观视角下的双元创业决策悖论利用多种方法展开研究，力求着重解决在创业行为中两者应扮演何种角色，即"是什么""怎么做"等问题，为高度不确定情境下的新创企业绩效的提升提供更丰富的理论借鉴与参考。

1.2.2 实践意义

本书实践层面的意义主要体现在对新创企业创建及成长过程中创业者决策及模式选择方面的启示，具体体现在以下两个方面。

（1）阴阳观视角下的悖论思维使复杂的矛盾的双元要素实现共存（Smith & Tushman，2005），并主张通过联系彼此矛盾的要素去实现要素之间的协同效应（Lewis，2000），达到可持续的动态平衡状态。因此，双元理论视角下的创业决策逻辑并非面对"二选一"的传统思维，而是"二者皆"的逻辑，而且为突破创业决策逻辑的矛盾与张力，中国传统哲学强调对立的元素是相互依赖的，矛盾不需要权衡，而是要被拥抱和超越（Schad et al.，2016）。因此，本书通过因果推理、效果推理动态平衡机制的研究，摸索本土化创业决策的可持续整体动态平衡路径及其作用机理，为创业者提供创业决策实践借鉴：注重效果推理、因果推理创业决策逻辑的悖论关系，接受并主动拥抱悖论，采取主动的适应性的策略来面对和利用创业决策过程中的两种创业决策逻辑。

（2）阴阳观视角下的因果推理、效果推理及其交互与新创企业绩效的非线性关系的研究可促使创业者关注效果推理逻辑的"阴暗面"，效果推理并不总是导致机会的创造以及绩效的提升。实际上，这种过犹不及效应正体现了阴阳观思维中的动态性规律以及非线性原理，即阴阳矛盾的双方水平都过高或过小时，效果不会达到最佳，只有都取适度的水平值时，才会达到效果最佳，双方与绩效之间呈现非线性的倒"U"型关系。"过犹不及"效应的来源可归结为儒家哲学思想中的适度原则。儒家哲学思想中提及的"中庸""执两用中"，其实是在强调过多或者过少都会产生不利影响，一定程度的适中是最好的。

总之，本书得出的科学结论和对策建议，可为政府、企业等组织的科学决策提供参考、为产业部门支持创业创新活动政策制定提供参考、为创业企业获得同时关注短期绩效和长期绩效提供参考，对我国加快经济发展方式转变、促进产业结构调整升级，以及以创业促就业、培养创新创业型人才、创建创新型国家，都具有一定的参考价值。

1.3 研究目标和研究内容

1.3.1 研究目标

（1）厘清悖论视角下双元创业决策逻辑的基本内涵。在已有的相关研究文献阅读梳理的基础上，厘清效果推理与因果推理的深刻内涵，分别从驱动力、权变观、联盟观、成本观四个维度剖析效果推理和因果推理的相生相克的内涵及表现形式。对基于效果推理、因果推理的创业决策逻辑悖论概念及其特征在阴阳观框架下进行理论分析，为后续研究提供理论基础。

（2）以创业者及其创办的新企业为样本，实证分析和检验阴阳思维下双元创业决策逻辑与新创企业绩效之间的非线性关系，同时考量主观视角下的环境不确定性感知的调节作用，以便更好地揭示阴阳观视角下双元创业决策逻辑对新创企业绩效的非线性作用机理。

（3）采用系统动力学方法针对效果推理、因果推理创业决策逻辑的演化机制及动态平衡问题展开研究。基于效果推理、因果推理及两者交互与新创企业绩效关系的实证研究结果，结合阴阳观及悖论的相关理论，构建创业决策系统动力学模型，从定量与定性视角对效果推理、因果推理创业决策动态演化机制进行探索性研究，并总结其动态平衡模式，一定程度上丰富了创业决策理论以及组织双元管理理论。

1.3.2 研究内容

本书的研究内容主要包括以下三个方面。

（1）效果推理、因果推理创业决策逻辑悖论关系构建及理论分析。围绕组织双元性、效果推理理论等相关理论进行文献梳理，构建悖论视角下的效果推理、因果推理双元创业决策逻辑的理论模型并进行理论分析。管理决策本身就是认识与把握平衡的动态发展过程，所涉各方的地位、特性以及趋势等将决定其阴阳属性。针对效果推理逻辑的迭代控制及柔性原则、因果推理逻辑的可预测的计划刚性，可将上述两种创业决策逻辑视作分别对应于阴、阳属性。本书围绕具有阴阳属性的双元创业决策逻辑的悖论关系进行探索，并构建相应的理论模型，为接下来的实证研究及仿真研究奠定理论基础。

（2）阴阳观视角下效果推理、因果推理创业决策逻辑非线性作用机制的实证研究。基于理论分析构建理论模型，整合效果推理、因果推理，并考虑两者交互对新创企业绩效作用、环境不确定性感知的调节效应，明确提出双元创业决策逻辑与新创企业绩效之间的非线性关系假设。以上述理论模型为研究抓手，通过 Mplus 和结构方程模型检验并验证了效果推理、因果推理及其交互作用与新创企业绩效之间的六个研究假设。

（3）效果推理、因果推理创业决策逻辑适应性动态演化机制研究。本书拟在已有相关文献的基础上，依据动态能力理论和组织双元理论，从阴阳平衡的角度解析效果推理、因果推理创业决策逻辑对新创企业绩效的影响机理以及这两种创业决策逻辑的动态演化机制问题。在验证了双元创业决策逻辑悖论共存的基础上，对于悖论中矛盾要素之间的互动机制与演化过程也急需得到进一步的探究。而且，通过横截面数据主要探索双元创业决策逻辑与新创企业绩效之间的静态关系，可能会忽略两者之间的适应性演进过程以及形成的动态平衡关系。本书基于复杂系统理论的基本思想，采用系统动力学方法，构建相关的因果关系图与存量流量图（以下简称"流图"），并基于相关理论，设置了流图中关键变量之间的数理关系。通过揭示环境不确定感知下效果推理、因果推理、动态能力、探索式学习、利用式学习等变量的动态演化趋势，探究双元创业决策逻辑与新创企业长期绩效、短期绩效之间的长期动态关系，分析了系统外变量对系统动力学模型的敏感性。采用系统动力学仿真软件 VENSIM PLE 模拟了新创企业 96 个月的知识累积存量、长期成长绩效、短期财务绩效等系统关键变量的动态演化趋势，并分析了环境不确定性感知对系统中关键变量之间的关系的调节效应。

1.4 研究方法和技术路线

1.4.1 研究方法

本书的主要内容包括效果推理与因果推理悖论关系的界定、阴阳观视角下效果推理、因果推理及其交互作用对新创企业绩效的非线性作用的实证研究以及效果推理、因果推理的动态适应性演进模型等问题。本书坚持以系统思想为指导，静态与动态相结合，运用多种学科知识和技术手段，针对不同的问题分别选择合适的研究方法。具体来讲，本书的主要研究方法包括以下几种。

1. 文献研究法

文献研究是任何科学研究项目开展的起点，以前人的研究成果为基础，通过梳理前人的研究成果及其观点，准确把握相关研究领域的动态与前沿。本书内容涉及创业决策逻辑、新创企业绩效、环境不确定性感知等方面的内容，因此首先采用文献研究法回顾相关内容的研究脉络，梳理、归纳、厘清并总结现有研究的不足之处，从中获取研究思路与启示，构建研究框架，为进一步研究奠定理论基础。

2. 理论分析法

理论分析法是在对主要文献进行通读梳理的基础上结合感性认知，运用理性思维对事物的本质规律进行分析的一种科学分析方法。本书在文献研究以及理论回顾的基础上，运用理论分析法进一步阐述了效果推理、因果推理悖论的界定，从各个维度定性探讨了效果推理、因果推理这两种创业决策逻辑的悖论表现与特征，以及阴阳理论对于这一悖论问题解决的可行性。

3. 问卷调查法

作为管理科学与社会科学领域应用最为普遍的研究方法之一，问卷调查法通过第一手数据资料的获取，确保研究的真实性与有效性。运用问卷调查法围绕阴阳视角下效果推理、因果推理创业决策逻辑对新创企业绩效的非线性展开调研，获取实证分析的原始数据，并用统计计量分析法进行实证检验，得出相应的研究结论。

4. 实证研究法

对于效果推理、因果推理以及两者的交互对新创企业绩效的作用机理的验证问题，本书运用了实证研究方法。首先在相关文献分析的基础上，提出了效果推理、因果推理以及两者的交互对新创企业绩效的作用的研究命题与概念模型，其次采用问卷调研法获取相关数据，进而开展数据的描述统计分析与信度和效度的检验，从而验证研究命题和理论假设。所采用的统计分析工具主要包括 SPSS20.0 与 Mplus19.0。

5. 系统动力学方法

复杂适应系统领域的发展为探索复杂动态系统的内部演化规律提供了一种新的视角和方法，本书将通过系统动力学的方法，借助 Vensim Ple 仿真软件，探索不确定情境下效果推理、因果推理这一对创业决策逻辑悖论对新创企业绩效的动态影响演化过程。利用系统动力学仿真方法，将双元创业决策的适应性演化过程同新创企业的创业学习、创业知识创造等行为相结合，通过因果关系图和流图，探索双元创业决策逻辑的"螺旋式"动态平衡协同演化规律，揭示悖论要素之间的适应性演化过程，这种动态平衡不仅有利于提升新创企业的长期绩效和短期绩效，而且可以更好地帮助创业者抵抗不确定性，从而缓解新创企业面临的新创弱性。

1.4.2 研究技术路线

本书的技术路线如图 1-1 所示。

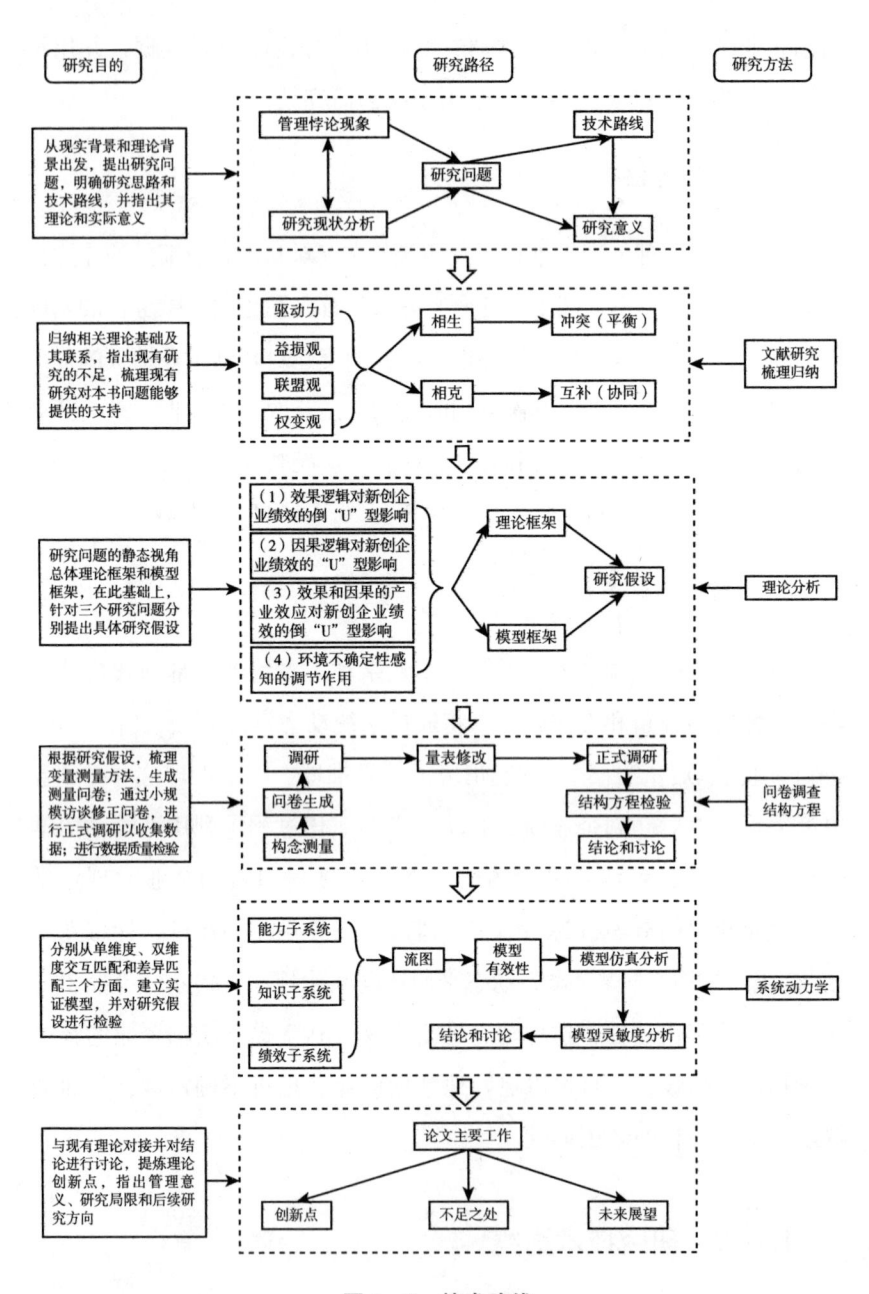

图 1-1 技术路线

研究目的

- 从现实背景和理论背景出发，提出研究问题，明确研究思路和技术路线，并指出其理论和实际意义
- 归纳相关理论基础及其联系，指出现有研究的不足，梳理现有研究对本书问题能够提供的支持
- 研究问题的静态视角总体理论框架和模型框架，在此基础上，针对三个研究问题分别提出具体研究假设
- 根据研究假设，梳理变量测量方法，生成测量问卷；通过小规模访谈修正问卷，进行正式调研以收集数据；进行数据质量检验
- 分别从单维度、双维度交互匹配和差异匹配三个方面，建立实证模型，并对研究假设进行检验
- 与现有理论对接并对结论进行讨论，提炼理论创新点，指出管理意义、研究局限和后续研究方向

研究路径

第一阶段：管理悖论现象、研究现状分析 → 研究问题 → 技术路线、研究意义

第二阶段：驱动力、益损观、联盟观、权变观 → 相生 → 冲突（平衡）；相克 → 互补（协同）

第三阶段：
(1) 效果逻辑对新创企业绩效的倒"U"型影响
(2) 因果逻辑对新创企业绩效的"U"型影响
(3) 效果和因果的产业效应对新创企业绩效的倒"U"型影响
(4) 环境不确定性感知的调节作用
→ 理论框架、模型框架 → 研究假设

第四阶段：调研 → 量表修改 → 正式调研 → 结构方程检验 → 结论和讨论；问卷生成、构念测量

第五阶段：能力子系统、知识子系统、绩效子系统 → 流图 → 模型有效性 → 模型仿真分析 → 模型灵敏度分析 → 结论和讨论

第六阶段：论文主要工作 → 创新点、不足之处、未来展望

研究方法

- 文献研究梳理归纳
- 理论分析
- 问卷调查结构方程
- 系统动力学

第 2 章 相关理论基础与文献综述

2.1 相关理论基础

2.1.1 效果推理理论

1. 理论基础

效果推理（effectuation）是学者萨阿斯瓦斯（2001）在借鉴其导师西蒙（Simon）的有限决策理性思想基础上于 2001 年正式提出的一种创业领域新兴理论，后来该理论的应用由创业扩展到其他相关研究情境之中。效果推理是指创业者基于现有可用方法或手段，在难以预测且目标不确定的环境中，在可承担的风险或损失范围内，通过与利益相关者形成战略联盟、获取先前承诺，并充分利用外部权变因素来降低不确定性，创造可能达到的效果的一种思维方式（Sarasvathy，2001；Perry et al.，2012）。萨阿斯瓦斯（2001）认为，因果推理和效果推理是最基本的两种推理方式。

因果推理（causation）最初由哲学家、逻辑学家伯克斯（Burks）于 1979 年提出。因果推理典型的决策过程是先进行市场调查，根据调查结果对现有市场进行细分，确定目标市场和计划，以锁定最大化的收益，进而实施战略。也就是说，因果推理是一种传统的目标导向或预测逻辑，具体是指在既定的目标基础上，从几种可能的路径方法中挑选成本最低、效率最高的方法，并确定企业的决策及其行为（张玉利等，2011）。应用于创业领域，因果推理主张在完全理性和风险不确定情境下，创业者根据预先设定明确的目标考虑预期回报最大化的策略，通过复杂的竞争分析和精准的市场预测以避免意外事件发生（Chandler et al.，2011），由目标寻找路径，发现创业情境中隐藏的机会。

因果推理和效果推理作为创业领域两种经典的决策理论，其理论基础是完全不同的。遵循因果推理决策的创业者被认为是完全理性的，决策者认为未来是可以预测的，决策者可以掌握所有的信息，基于已给出的具体工具和方法来设法达成预定的目标，同时有条件作出所有的选择方案，并能从中选择最优的方案；遵循效果推理决策的创业者则是采用试错迭代的办法，希望通过不断迭代改进的方法以可控的方式来不断实现创业目标，决策者认为未来是人们主动行动的某种偶然结果，侧重于对将来的控制。

因此，因果推理和效果推理从多个维度进行对比，并形成了两种截然不同的决策逻辑。

2. 维度划分

自萨阿斯瓦斯（2001）提出效果推理理论以来，效果推理和因果推理一直被认为是企业决策逻辑的两种主导类型（Brettel et al.，2012），反映了企业层面的战略取向。因果推理是由目标及其效果驱动的，通过竞争实现预期收益，努力避免意外；效果推理则是手段驱动的，以负担得起的成本（或者低成本）进行试错迭代，强调建立战略伙伴关系，并积极拥抱意外。学者们普遍将效果推理视为一个多维度概念。研究方法逐渐朝实验向元分析、案例研究等多元化方法拓展。但是具体维度划分上，学者们有着不同的见解。例如，萨阿斯瓦斯（2001）提出可将其划分为三个维度；瑞德和萨阿斯瓦斯（Read & Sarasvathy，2005）则运用元分析的方法，提出了效果推理由四个维度构成，即手段导向、可承受损失、战略联盟和对意外事件的杠杆化利用；德夫等（Dew et al.，2009）在前人研究的基础上进一步提出五维度。虽然以上研究基本涵盖了效果推理的本质属性，但是均以创业者为起点，且缺乏相应的实证检验。钱德勒等（Chandler et al.，2011）推动了效果推理的测量可操作化，并运用因子分析方法提出效果推理由试验（experimentation）、可承受损失（affordable loss）、柔性（flexibility）和战略联盟/先前承诺（pre-commitments）四个维度组成，这种维度划分在此后的研究中受到大多数学者的认可。虽然对效果推理多维度的构成框架尚未达成共识，但是沿着"萨阿斯瓦斯—瑞德—钱德勒"（Sarasvathy-Read-Chandler）的维度研究脉络，效果推理作为多维度形成型构念逐渐被学者接受。布雷特尔等（Brettel et al.，2012）延续钱德勒等（2011）的研究，把效果推理和因果推理各自分为四个相对应的子维度。其中，效果推理包含可承担损失、战略联盟、利用权变和手段导向，因果推理包含预期回报、竞争分析、避免未知和目标导向。本书拟借鉴布雷特尔等（2012）的研究分别从四个对应的维度分析效果推理与因果推理逻辑。这四个维度可概括为驱动力、成本观、联盟观和权变观，这两种主要创业决策逻辑在这四个维度下的具体释义见表2–1。

表 2-1　　　　　　效果推理和因果推理各维度含义

维度	因果推理	效果推理
驱动力	采取行动的基础是目标设定，先有路线图，再去旅行	采取行动的基础是个人手段，旅行路线图缺失，走哪算哪
成本观	基于目标及计划，寻求收益最大化，并规划投资	以能承受的损失和成本为底线，低成本投资、试错并快速迭代
联盟观	利用知识产权建立屏障，保护本企业知识不受外来干扰，以保持竞争优势	期待各利益相关方的参与带来资源和机会，以降低不确定性
权变观	按照既定计划实施，对意外事件消极面对	利用意外、拥抱意外

3. 效果推理的相关研究

效果推理理论作为一种新兴的创业理论，从提出之日起就得到学者们的广泛关注和认可，引发了很多人的研究兴趣，经过近 20 年的理论及实践探索，积累了一定的研究基础，已有的相关研究文献主要围绕以下三个方面展开。

一是对效果推理的概念界定及其与因果推理区别的辨别性研究。这一类研究主要集中在该理论刚刚提出建立时期。作为一种新兴理论，关注者们往往聚焦于"如何""为什么"这一类问题。例如，萨阿斯瓦斯（2001）在提出效果推理理论之初就指出效果推理和因果推理是创业决策过程中遵照的两种主要逻辑，而且两者之间存在差异，但两者之间并非相互排斥；佩里等（Perry et al., 2012）研究发现，两种决策逻辑各具有不同的特征，是两种相互区别的决策逻辑；布雷特尔等（2012）采用定性定量相结合的方法进行研究，认为效果推理和因果推理可视作连续变量的两端，两者相互区别且相互对立。

二是对效果推理的测量定量化操作及其效度进行检验的研究，包括相关量表开发、构成维度分析等。钱德勒等（2011）积极推动效果推理实证方面的研究，分别通过13个、7个题项对效果推理逻辑和因果推理逻辑进行测量。这种测量不仅可以考度不确定情境下双元创业决策逻辑的交互效应，而且能分别探析效果推理、因果推理这两种创业决策逻辑构念的前因变量与结果变量。布雷特尔等（2012）则基于不同的视角，将效果推理与因果推理视为相互的对立面，要求被试的创业者或决策者在这两种逻辑之间进行选择，并开发了在创新情境下的测量方式。测量工具的开发推动了学者们采用实证方法对两者的核心逻辑、决策基础以及维度等方面进行区别和比较。

三是旨在揭示效果推理影响新企业创业绩效的作用机理的研究。现有的效果推理理论实证研究主要采用内容分析、案例研究、元分析和基于量表的问卷调查等研究方法。这些文献在研究设计上强调假设推演与理论逻辑，目的在于检验和发展效果推理理论。尤其是2011年以后，大多数的定量实证研究基本以"情境—问题—行为"为框架设计研究模型，一定程度上是对效果推理理论的丰富和拓展，但效果推理的适用边界仍有待明晰与拓展（Alsosg et al.，2016）。与此同时，效果推理理论仍然存在不足之处，效果推理发展尚不完善，并受到了一些质疑（Sarasvathy & Simon，1998），如运用3E（experience-explain-establish）理论评估框架开展的相关研究，很难通过独立框架进行测量与证实。然而，这些质疑和批评反而促使后来的学者更多地从真实情境和现象中发掘信息、采集数据以检验效果推理的效用，按照研究方法分类，见表2-2。

表 2-2　　　　　　　效果推理相关研究（按照研究方法）

分类	研究内容	学者
实验类	创业者与非创业者面对未来与风险的区别与偏好	萨阿斯瓦斯（1998，2005）
	创业者与非创业者在决策中对推理逻辑运用上的偏好	德夫（2009）、瑞德和萨阿斯瓦斯（2005）
量表开发	在创新情境下，把效果推理和因果推理划分为四个对应的维度，并认为两者相互区别，但可以相互混用	布雷特尔等（2012）
	根据效果推理的四个原理划分为四个分构念来测量，认为因果推理是与之不同的概念，并用七个测量来测量	钱德勒等（2011）
	根据效果推理理论的五大原理将效果推理逻辑划分为五个维度，比较完整地反映了效果推理理论	韦哈恩等（Werhahn et al.，2011）
定量实证类	效果推理作为前因变量影响相关绩效的作用机理	蔡等（Cai et al.，2017）、威尔特班克等（Wiltbank et al.，2009）、麦克尔维等（Mckelvie et al.，2013）
	效果推理作为调节变量影响相关绩效的作用机理	姆坦蒂和乌尔班（Mthanti & Urban，2014）、德利贾那等（Deligianni et al.，2017）
	效果推理的前端影响因素，比如先前经验、教育程度等	波利蒂斯（Politis，2008）、达科·斯塔等（Da Costa et al.，2011）、加布里埃尔松等（Gabrielsson et al.，2011）、费舍尔等（Fischer et al.，2015）
	效果推理与因果推理的交互作用对创业绩效的作用机理	布林克曼等（Brinckmann et al.，2010）、佩里等（Perry et al.，2012）
案例、元分析、仿真等	因果推理与效果推理的战略组合及战略迭代	苏涛永等（2019）、缅因等（Maine et al.，2015）
	效果推理逻辑与因果推理逻辑是可以同时存在及应用的，从而整合效果推理和因果推理逻辑两种理论	阿戈盖等（Agogue et al.，2015）、贝伦茨等（Berends et al.，2014）

资料来源：笔者根据相关文献整理。

2.1.2 组织双元理论

"双元"（ambidextrous）是指同时从事两件不同事情的能力，组织双元的相关研究在国内外学术界备受关注，也成为管理研究的主流范式之一。

1. 理论起源

组织双元理论源于组织进化论。组织进化论认为，组织好比一个有机生命体，必须能够适应外部环境渐进或突破的变化，否则将被竞争淘汰。邓肯（Duncan，1976）在借鉴组织进化理论的基础上，最早提出组织双元性（ambidexterity）概念，指出组织致力于适应相互矛盾或者有强烈反差的环境变化要素。为了面对并适应不同的环境，企业需要掌握的能力是不同的，因此有必要打造双元性组织。但是邓肯所说的双元性主要是指组织的有机式和机械式，而非如今人们常说的探索和利用。组织双元理论提出之后并没有马上吸引大量学者的注意力，一直到1991年，马奇（March）在其被誉为组织双元性理论的奠基性论文——《组织学习中的探索和利用》明确提出存在两种相悖的组织学习活动——探索式学习和利用式学习，探讨了两种学习方式的成本收益分别在时间、空间分布上的不均衡性，并指出这是组织双元发展需要解决的关键冲突所在，为后续研究组织双元理论奠定了理论基础。

2. 双元的应用领域

组织双元目前已形成较成熟的研究范式并成为战略管理领域的重要研究理念。组织双元理论与组织学习理论、组织情境理论、动态能力理论、社会网络理论及战略联盟理论等相结合，向组织学习、技术创新、战略管理等领域渗透和扩展，使得该理论得到了进一步的发展和完善（Raisch，2008）。具体来说，自马奇（1991）提出探索与利用的构念后，学者逐渐将其应其用于技术创新（Zhang et al.，2016）、组织适应（Leana & Barry，2000）、战略管理（He & Wong，2004）等相关研究中。

经过20多年的发展，虽然组织双元理念在不同研究领域内的内涵与外延得到很大程度的拓展。这一理念的本质属性，即长期导向和短期效益的兼顾性、探索和利用的平衡、资源分配上的张力等在该范式形成过程中不断被认同、接受，继而固化。实际上，组织双元理念的本质特征属于组织战略要考虑的范畴。因此，组织双元引起了战略研究者的重视，开始被应用于战略管理领域，从而使双元研究很快从幕后走向前台。例如，伯杰尔曼和罗伯特（Burgelman & Robert，2002）将战略管理过程分为以稳定性不断提高为标志的诱致性过程和以不确定性提升为标志的自发性过程，其中诱致性过程属于开发性活动过程，自发性过程则与双元活动中的探索性活动相对应。另外，也有学者指出对将来未知的探索与对现状已知的开发利用都能够明显体现组织战略及行为的诸多基础性差异，而这些差异会对组织的相关绩效产生不同的作用与影响（He & Wong，2004）。

悖论来源于双元概念，在组织管理过程中存在大量二元悖论问题，所以组织双元性概念及理论的提出就是为了聚焦并解决管理过程中普遍存在的二元悖论，这也是组织双元的重要目的之一。在管理研究的各种"二元悖论"中，以马奇（1991）提出的"探索—开发"二元悖论最受关注。除此之外，如战略柔性和战略稳定性的悖论、内外部知识探索与整合的悖论、到底聚焦关注个体能力还是组织配置之间的悖论，以及静态视角抑或动态视角去看待组织双元等均属于管理中的二元悖论现象及问题。这些矛盾在赖施等（Raisch et al.，2009）的研究中也得到了关注和重视。近几年，很多学者针对创新悖论进行了研究和探讨，如特纳等（Turner et al.，2013）从组织、社会及人力资本等不同层次，基于时间、结构和情景视角探索了组织双元矛盾的解决机制。还有研究从能力视角利用实证方法揭示了组织适应能力可缓解内外部动荡及战略柔性化等冲突给组织带来的不利影响（Choi et al.，2014）。因此，开展悖论及其管理研究，特别是结合阴阳思维及理论开展悖论管理的相关研究是组织深化发展组织双元性过程中的重要思考与努力方向。

3. 双元视角下两种创业决策逻辑的相关研究

因果推理和效果推理是决策者在创业不确定情境中所遵循并使用的两种主导决策逻辑（Sarasvathy，2001）。其中，因果推理来源于决策理论中的有限理性，是指决策者在既定目标基础上搜寻可行方案并从中挑选成本最低、效率最高的方案；效果推理则来源于决策者手头可用手段和资源，在通过调整市场目标与产品设计构想，最终获得绩效成长的过程。因果推理与效果推理可视作一种组织双元（O'Reilly & Tushman，2013；王乐和龙静，2019；Ruiz et al.，2020；Gibson & Birkinshaw，2004），其实质是创业者在其新创办的企业中主动采用战略双元以实现效果推理与因果推理两种策略之间的平衡，效果推理与因果推理的双元性体现的是战略双元的存在与组合。这两种逻辑之间虽然存在着张力，但是两者是可以同时存在于整个创业决策过程中，并涌现出大量双元视角下的创业决策逻辑研究。

关于两者的早期相关研究主要围绕辨别、区分、对比这两种创业决策逻辑的差异性，并总结出了各自不同的特点及其各自的适用领域、维度构成等。后来相关的实证研究大多也是采用"二分法"，强调两者之间的差别，认为采用效果推理的创业者会始终遵循效果推理开展创业活动，因果推理的个体则从另外一个视角看待创业活动（Brette et al.，2012），将因果与效果推理视为对立的两端，早期实证研究也以单独检验效果推理逻辑或因果推理逻辑的影响和效应的研究为主。

随着研究的逐步推进，人们发现两者不是"非此即彼"的关系，而是对立统一的矛盾体，两者既相互协调实现优势互补（Reymen et al.，2015），又可能对企业有限资源进行争夺（March，1991；Lavie et al.，2010），容易造成资源分配不平衡。因果推理与效果推理作为一种组织双元，两者可以同时存在于整个创业决策过程中，这一阶段的研究不再采用将效果推理和因果推理视作相互对立的关系的"二分法"，而是将两种逻辑均纳入同一研究框架中，从某种意义上讲，效果推理和因果推理都是决策者为应对不确定的环境与未来所采用的决策方式（Ruiz-Jiménez，Ruiz-Arroyo & Fuentes-Fuentes，2020）。

双元视角下的创业决策逻辑研究主要分为两大类：一类是通过时间或空间上的分离来实现效果推理和因果推理在整个创业决策过程中的共存。例如，钟榴等（2019）认为创业决策逻辑的抉择受到创业企业发展阶段的影响，因果推理适合初创期，效果推理适合产品创新后期；苏涛永等（2019）则发现相比发达市场情境，效果推理在新兴市场情境下更有效，而发达市场情境下因果推理不一定更有效；安等（An et al.，2019）认为对小型企业来说，早期阶段效果推理优于因果推理，在发展后期，两种决策逻辑分别促进了高绩效，而对大型企业而言，早期阶段两种决策逻辑共同存在，而后期阶段因果推理促进了高绩效。实际上，双元决策逻辑在时间或空间的分离代表的是一种间断平衡的观点。面对具有"新进入者缺陷"的新创企业，双元创业决策逻辑在时间或空间上的分离，反而要耗费大量的成本和资源，特别是在当前高度动态化的全球性背景及经济新常态下这种间断平衡的双元创业决策逻辑状态，无法灵活地应对外部环境的快速变化，面临资源上的张力反而更大。

另一类双元视角下的创业决策逻辑研究则强调两种逻辑不仅共存而且需要进行组合交互，从而使得创业绩效达到最佳。同时，使得业绩达到最优即成为这一组合的平衡态（Reymen et al.，2017），但是组合视角下的研究主要考虑的是两者组合的线性效应，如有研究发现随着情境变化，决策者可能采取两种决策逻辑组合的方式（Maine，2015）。雷曼等（2016）指出，因果推理和效果推理具有互补性，有效整合两种决策逻辑有助于企业实现最优创业结果。斯莫尔卡等（2018）则进一步揭示了效果推理和因果推理的交互作用对绩效具有积极影响，但是并没有对这种影响的边界条件进行深入探究。于等（Yu et al.，2018）则认为效果推理和因果推理的平衡、兼得可以被视为一种组织双元。刘济洵（2020）则通过案例研究方法发现两种决策逻辑的共存是贯穿整个创业过程的，也就是说，在创业的每个子过程两种逻辑都存在共存的情况，并且会呈现交互变化的情况。

综上所述，可见关于双元视角下的创业决策逻辑研究，学者们普遍聚焦效果、因果推理能否并存于企业内部以及两者如何组合匹配产生相应作用等方面的研究。首先，尽管在创业者发展和创建新企业过程中，决策者行为普遍存在效果推理，但也在一定程度上使用了因果推理，学者们也并不否认，即使在不确定情境中因果推理使得决策者实时关注外部环境变化，根据反馈外部信息不断调整其计划和目标，实现良好的绩效，且令决策者难分伯仲（苏涛永等，2019）。在创业决策过程中，其中一种逻辑在某些时候可能占主导地位，而且这种主导逻辑会随着创业历程而发生变化（Reymen et al.，2016）。另外，学者们也认同混合决策逻辑（因果推理、效果推理）在新创企业发展过程中可能不同程度的共存和反复交替。但也有学者认为，追求这样的组织双元性（即因果关系和效果推理的联合使用）可能对公司有利并对绩效产生积极作用（Smolka et al.，2018），但也可能对企业没有显著影响（Eijdenberg et al.，2017），甚至产生负向影响（Agogué et al.，2015；Fisher，2012）。由此可见，因果推理、效果推理的综合运用效应并未达成共识，而且已有研究更加关注双元创业决策逻辑交互效应的积极效果，对可能存在的消极影响却研究不足，所以主要聚焦在两种逻辑的组合交互以及存在的线性效应，关于决策者为何、如何以及何时转换双元理性的思维机制也尚未构建，缺乏对可能存在的非线性关系的探索性研究。

总之，这些研究不仅与将效果推理和因果推理视为相互排斥的对立逻辑的研究形成对比（Dew & Read，2009；Brette et al.，2012），而且对将这两种创业决策逻辑视为线性而稳定的趋势的研究观点提出了挑战。目前，关于双元创业决策逻辑双元性特征的研究尚处于起步阶段（于晓宇和陶奕达，2018；王乐和龙静，2019），而且，已有的相关实证研究结论争议较大，除了决策者对因果推理或效果推理抑或两者的综合运用效应并未达成共识外，对于决策者为何、如何转换双元创业决策逻辑理性的思维机制也尚未构建，具体情境下的实证研究也有待深入。亟须从利用单一决策理性逐渐过渡到整合因果和效果双元决策理性（王玲玲等，2019），根据外部环境的不确定性选择与之匹配的决策理性。

2.1.3 动态能力理论

动态能力（dynamic capabilities）最初由蒂斯等（Teece et al.，1997）基于静态资源视角提出，聚焦于动态适应性提升组织能力以改变其资源基础的过程,并且指出企业的竞争优势正是利用整合、构建、重新配置内外部资源的动态能力,在主动适应快速变化、竞争性、不确定性环境的过程中建立起来的。

动态能力着重刻画的是企业面对瞬息万变的外部环境进行重构和变化的能力,与之对应的是企业能够在管理、运营和治理的核心领域中执行明确任务的一般性能力。因此,动态能力理论可视作外部动态竞争理论和内部资源基础理论的整合,在企业应对以及适应瞬息万变的不确定外部环境过程中发挥着重要且关键的作用。

1. 动态能力的理论起源

从理论层面来看,动态能力这一概念来自对资源基础理论的拓展。传统的资源基础理论产生于彭罗斯的著作《企业成长理论》(Penrose,1959)。该著作认为,企业是资源的集合,企业的竞争优势就来源于其所拥有的各种资源。资源基础理论作为一套完整理论并发挥其作用是从巴尼于1991年正式提出VRIN框架开始的(Barney,1991),这套框架强调"企业通过拥有价值性、稀缺性、不可模仿性和不可替代性的资源作为获取竞争优势的重要基础"。同时,资源基础观被视作关于企业核心竞争优势的静态内生理论。

然而,这一时期的理论研究仅从静态视角将企业竞争优势归因于其所拥有的异质性资源,忽视了该类资源的动态获取(Helfat & Peteraf,2003),在日益复杂且动荡的情境下,静态内生的资源基础理论与实践脱节。为此,学界开始引入动态能力理论,聚焦特定情境下企业资源行动,并融合组织认知与组织行为等理论,围绕影响因素、过程机制及作用结果展开深入研究(Sirmon et al.,2011),并助力企业突破核心能力刚性。蒂斯等(1994)将动态能力理论定义为组织构建、整合、重构内外部资源助力企业创造产品和流程以应对动态变换市场环境的能力。与静态的资源基础观相对照会发现，动态能力是关于核心竞争优势的动态内生理论，动态能力呈现出一种动态的非均衡状态。随着内外部环境的持续变化，企业内部的各种动态能力也在不断地开发、积累、运用、维护和淘汰，如此循环往复，从而形成多个正反馈的增强回路。其作为动态情境下企业考虑如何利用各种资源以获取持续竞争优势的重要理论构念，弥补了传统资源基础观仅基于静态视角探究异质性资源存量在竞争中的重要作用的局限，为资源基础理论后续发展提供了演化视角和重要理论基础，学界将其引入资源基础理论研究进而构建了以动态能力为代表的动态资源基础观。

　　动态能力是企业以市场为导向，根据感知的机会和威胁的倾向及时作出决策并改变资源基础的能力，反映了企业系统地解决问题的潜力。一定程度上，动态能力理论可以看作资源基础理论向更加动态多变的市场和环境延伸。随后学界进一步深化相关研究，指出动态能力是区别于一般能力的高阶能力，动态能力是在积累知识经验、吸收外界知识以及动态学习的过程中由组织所具备的基础能力或一般能力演化而来，是组织在应对动态变化的外部环境的过程中形成的一套适应性惯例或行为集合，更具有目的性与针对性，可通过高效开发和运用内外部战略资源促进企业的可持续发展（Eisenhardt & Martin，2000）。相关研究进一步回答了异质性资源及能力的来源，以及强调合理配置资源可以促进企业能力提升，企业通过响应环境变化有效协调或重新配置内外部资源与能力，可实现核心竞争力的提升，并促进企业的可持续发展，从而为资源基础理论研究注入活力。

　　由此可见，动态能力理论首先源于组织外部视角下的竞争理论，此时的战略管理主要以战略定位学派为主，关注于组织外部间的动态竞争；随后，学者们将视角转移向组织内部，开展关注于构建企业自身的核心能力。此时的核心能力观点已经不同于动态竞争理论的基本观点，其主要源于企业拥有资源的异质性。异质性资源的产生不仅为战略管理领域的研究提供了新的思路，也使动态能力理论有了初步的萌芽。在动态能力产生的初级阶段，企业不仅要注重其进入外部市场的时机问题，还要对自身拥有的基础性资源进行识别及整合，从而更好地应对外部环境并作出创新式反应。

2. 动态能力内涵及维度划分

在充满不确定性和复杂性的环境中，企业如果只具备一种核心能力则无法持久保持其竞争优势，而且单一核心能力本身所具有的能力刚性会阻碍企业适应复杂多变的环境。因此，企业要获得持久竞争优势，就必须不断进行核心能力的更迭与创新。而动态能力不仅可以帮助企业快速响应市场的变化，而且有助于企业克服核心刚性，在不断适应环境变化中持续获得新的竞争优势，不断涌现的竞争优势会成为企业长期的竞争优势，进而影响企业绩效。可见，动态能力在企业获取持续性的竞争优势过程中发挥着重要作用。

大多数已有研究将动态能力视作多维度能力的组合，已有研究从多个视角分析动态能力的内涵及多个组成维度，最初由蒂斯等（Teece et al.，1997）以从行为视角提出动态能由整合、建构、重构能力三个维度构成；艾森哈特和马丁（Eisenhart & Martin，2000）则从过程视角重新定义，认为动态能力可以解析为整合能力、重构能力、获取能力与释放能力四个维度；也有研究将动态能力解构为吸收能力、适应能力和创新能力（Wang & Ahmed，2007）；或者认为动态能力包括协调、学习和战略竞争性反应三个维度（Protogerou et al.，2012）；还有研究将动态能力划分为吸收能力和转化能力两个维度（Wang et al.，2015）。综合以上关于动态能力维度划分的相关研究，大多数研究认同从以下三个维度来解构动态能力：吸收能力；整合能力；重构（或创新）能力。其中，吸收能力是指企业将外部获取的知识与内部已有的知识相互协同融合，整合能力则强调企业内部各种要素配置要与外界环境相匹配，重构能力是指企业通过自身变革以及创新去实现竞争优势的能力。动态能力代表企业以新的资源组合方式源源不断地从外部获取知识和资源，根据外部环境特点，不断整合形成新的资源组合和配置方式，适应、重构、提升企业的核心竞争力，进而在动态的竞争中持续保持优势地位。

总之，动态能力研究推动了静态资源观向动态资源观的转变，认为企业的核心竞争优势只有在动态层面才能持续获得，在环境动态变化中通过资源整合实现核心竞争优势的持续获取。

3. 动态能力的影响因素及结果变量

动态能力自提出以来，吸引了国内外大量学者的关注，相关研究也从动态能力的影响因素以及企业绩效、创新绩效等结果变量进行探索与检验。其中，关于动态能力的影响因素方面的相关研究主要从资源、认知和学习等视角展开。

首先，资源会影响企业的动态能力。认为社会资本会影响企业资源的获取、整合和释放，企业内外部的社会资本有助于信息共享和创新，进而促进企业获取、整合、释放资源的能力（Inkpen & Tsang, 2005）；陈志军等（2015）通过纵向追踪研究揭示了战略性人力资源、分权式组织结构以及创业导向等因素对于动态能力的正向促进作用。

其次，也有很多学者从认知视角出发探索其对动态能力的影响机制，其中蒂斯（2007）认为，对外部环境进行感知并辨别是机会还是威胁属于动态能力范畴，因为在快速变化的全球环境中，企业必须对机会作出及时的反应，才能保持其核心竞争优势；还有研究认为感知、关注力、逻辑推理能力等认知能力会影响动态能力的产生（Hodgkinson & Healey, 2011），因为企业感知环境的变动并作出回应的过程正是动态能力的形成过程。动态能力是不断导入外部知识、资源等以实现对现有能力的迭代和进化等，通过这一重构过程实现企业核心竞争力的提升以更好地适应外部环境的动态不确定性。

持有学习视角的学者，如希特与贝蒂斯（Hitt & Bettis, 1996）则认为动态能力是通过元学习来获取的，通过构建学习和动态能力之间的联系，实现信息的获取和转移，使得企业必要的显性、隐性知识，通过各种试验、实践以及经验交流等方式不断吸引新技术的基础上提高企业的专有技能；许萍和陈锐（2009）在前人的研究成果基础上，发现组织学习和惯例变异交互作用对动态能力提升的路径及机制；葛宝山等（2016）认为，探索式学习、利用式学习可正向促进动态能力的形成与提升，双元能力也是企业创新文化对动态能力的产生影响的中介。

在动态能力的结果变量方面，大量研究主要围绕动态能力对竞争优势、企业惯例以及相关绩效展开。虽然动态能力是为回答有效静态资源基础观无法解释的异质性资源如何转换为竞争优势的难题而提出的，而且动态能力是获得竞争优势的基础，但是动态能力与竞争优势之间是一种间接关系，企业通过修改资源组成模式或者惯例间接地影响竞争优势（Zahra et al., 2006）。在不同动态程度的环境中，动态能力都具有显著提升操作惯例的效果（Wilhelm et al., 2015）。动态能力正是通过解释企业对现有运营惯例的创造、扩展和修正，使其适应环境的变化，并使得企业通过知识等资源存量的累加迭代获得竞争优势和各种适应性能力，从而促进各项绩效的显著变化。

2.1.4 阴阳观与悖论管理

伴随着科学技术不断进步与发展，管理领域产生并显现出更多的不确定性和矛盾性。近代以来，西方国家一直试图用简单和确定性来替代甚至减少这种复杂性和不确定性，这种处理方式虽然带来了西方现代科学的巨大进步，但这种机械的、完全对立的思想同时也带来了不少挑战（Li，2016）。越来越多管理学领域的学者开始重视对东方哲学思想的认识及在管理中的应用，对西方管理理论的局限性要批判性地看待（Barkema et al.，2015；李海舰等，2018）。特别是来自相关研究领域的学者结合现有管理学的研究现状开始关注东方哲学思想与西方管理理论的融合，并且率先在战略研究领域引入易经思想。例如，陈明哲等（Chen & Miller，1994；Chen，Su & Tsai，2007）提出的动态竞争理论（awareness motivation capability，AMC）；李平（2016，2012）将中国传统思想引入跨国商业以及并购研究，试图从"阴阳平衡"和"悟性思维"的视角构建中国本土原创理论；房晓辉（2003）则在跨文化管理方面使用阴阳范式开展研究，并提出了阴阳范式的三大原理和四个命题（Fang，2011，2017）。实际上，阴阳观思想最初来源于《易经》中提出的"一阴一阳之谓道"。而关于"阴阳"这一概念最早的解释来源是《道德经》中的"万物负阴而抱阳，冲气以为和"。近几年阴阳观逐渐形成一种系统理论。作为中国文化核心的思想理论之一，这一思想观点主张看待万事万物应持以整体的、变化的、对立统一的眼光和方式（Peng & Nisbett，1999），而且主张正反双方是"相生相克"的平衡关系，这些都为应对本质上相互矛盾但又相互依赖的具有对立统一性的事物提供了新的研究视角。阴阳观的主题是以相生相克为原理的阴阳平衡（李平，2013）。阴阳观理论认为，构成矛盾的两个要素可以永远共存，没有矛盾就没有"阴阳"消长，而且这两个矛盾要素不需要在更高层次上通过彼此的排斥和冲突来解决。

具体来说，阴阳观的核心内容包含整体性、动态性和辩证性三大原理，其中整体性意味着事物都是由阴阳这两个要素构成的，变化意味着阴阳在整体中的强弱随时间不断变化，事物的性质也随之变化，直至走向其反面，因此宇宙万物都可视作既相互冲突又相互依赖的系统整体；动态性是指世间万物持续的处于发展变化中，而且这种发展变化不是直线的，而是螺旋式上升；对立统一性是指成对的辩证双方既对立又统一，既相互冲突又相互依赖，互为补充（Li, 1998），矛盾双方共同构成相互协同、相辅相成的动态统一体。对立统一原则可视作整体原则的进一步展开。阴阳两个要素相克相生：相克即相反的、对立的，体现在实证定量关系上是负相关关系；相生则指阴阳要素同时是相辅相成的整体。可见，在诸多学者的努力推动下，管理理论和范式的研究逐渐从"西方领导东方"向"西方遇见东方"转型（Luo & Zheng, 2016; Chen & Miller, 2010）。相对于西方文化，东方文化在处理对立统一问题方面更具有灵活性和有效性（Barkema et al., 2015），特别是深刻根植于东方本土文化的阴阳平衡认识论思想体系，更是被视为一种新颖的思维体系框架并广泛受到学者们的重视。

与上述阴阳观三个原理对应的操作性维度主要包括不对称原理、相互转化原理、非线性原理。第一个操作维度——不对称原理，是指通常情况下，相互矛盾的两种元素是不对称的，如果其中一方占据主导地位，那么另外一方必然处于附属位置。不对称原理还认为，同一个理论模型中的自变量与因变量都必然地、以同时同地共存的形式包含涉及矛盾的双方，无论自变量还是因变量，都不能只包含矛盾双方中的任一方。此外,作为自变量的矛盾双方与其所对应的因变量之间呈现出不对称的关系,即自变量矛盾要素中若其中某一要素对因变量的影响起到主导作用,其对立的另一方就处于从属地位,起到从属作用;第二个操作性维度——相互转化原理,是指两个矛盾要素在满足一定前提的条件下向对方转化,即主导方在满足一定条件的前提下可转化为附属方,而附属方在一定条件下也会转化为主导方。"相互转化原理"认为,由于矛盾双方存在相生相克的关系,理论模型中的自变量与因变量涉及的矛盾要素双方都会在一定条件下向各自的对立面转化,但这种转化只会是一定程度上的有限转化,不会是完全彻底的转化。主导方会在一定条件下向附属地位转化,附属方也会在一定条件下向主导方转化;第三个操作性维度——非线性原理,是指矛盾要素双方只有都适量才有可能实现最佳效果,若有一方或两方偏大或偏小,得到的都不是最理想的结果,即矛盾要素双方与相关结果变量之间呈现的是倒"U"型关系(李平,2013),这是一种非线性关系。但是,所谓适度和适量的具体范围则根据外部条件不同而不同,实际上这一非线性原理来自儒家哲学思想中所述及的"过犹不及"或是"中庸之道"。中庸之道不是简单地要求矛盾双方或其中一方对于"度"的把握,而是矛盾要素的双方对同时同地共存的平衡搭配之"度"的权衡。矛盾的要素双方在势均力敌的条件下会趋向于冲突最大化,所以完全对称的平衡有可能出现一半好一半坏的情况,因此中庸之道不应该是固定教条的永远选择中间路线。

实际上,阴阳观思维体系及文化传统已经广泛应用于悖论管理领域,所以近年来越来越多的学者开始尝试基于阴阳观以及阴阳范式去面对并解释管理学领域诸多矛盾的研究结论,阴阳观以及阴阳范式受到越来越多学者的关注,并在众多领域得到广泛应用。例如,已有研究基于阴阳平衡范式，利用多案例研究方法，分析了海归企业家和本土企业家关于正式与非正式关系平衡的决策影响（Lin, 2015）；还有用阴阳观来解释探索式学习和利用式学习对渐进式创新和激进式创新的曲线关系（Li et al., 2012）；李海（2016）基于阴阳观，利用调查数据，实证分析了员工积极情绪和消极情绪对个体创造力影响；张宏宇等（Zhang et al., 2017）用阴阳观来解释领导的自恋和自谦特质对组织绩效的影响；还有研究则基于阴阳范式，采用多案例分析方法，探索了中国企业国际化发展路径（Fang, 2017）。可见，诸多学者均是在围绕"阴阳范式"理论进行了一系列不同主题的悖论管理相关研究，而且这些研究大多以定性分析为主，逐渐构建起"阴阳范式"的理论框架。

效果推理和因果推理正如太极图中的阴阳两面，它们在对立与互补的张力中相互作用和相互转化，共同影响创业的行为、能力及绩效。为了更好地实现"执两用中"，新创企业必须要考虑外部环境对不同决策逻辑发挥作用的影响，才能够清楚揭示两者的关系，从而在更高层次上对两者进行协调和平衡。目前，关于效果推理和因果推理之间关系的研究存在分歧和争议，原因可能在于，现有研究大多基于西方管理理论，相对孤立地看待这两种创业决策逻辑之间的关系，也忽略了两者之间的互动和协同关系。

2.2 奈特不确定性与创业决策

2.2.1 奈特不确定性

所谓不确定性，是一种未定也未可知的客观状态，即确定不了但也不受控制，即不确定性就是"一切皆有可能，一切也皆不可能"。不确定性概念最具代表性的论述来自经济学家奈特（Knight，1921），他于1921年在首次提出不确定性概念的同时就将其与风险相区别，认为两者有着本质上的不同。奈特认为，风险表示概率型的不确定性，具有一定的可靠性和规律性，可以根据以往经验判断事件发生的概率，也就是说，风险可以通过风险控制措施概率性地校准和管理；真正的不确定性，即奈特不确定性是面对不可计量因素时的决策，无法通过概率对不确定性的发生和结果进行描述和测算，不仅决策结果的概率分布未知，而且决策结果本身都是未知的。在不确定性情况下，决策者无法通过转嫁风险来降低损失。把握这种不确定性不仅依赖于先验知识，更依赖于个体独有的深度认知能力或情境知识。奈特认为，这种未来及其概率都不可知的不确定才是真正的不确定，通常被称为奈特不确定性。传统的决策分析方法主要是通过对风险概率的评估来分析及计算期望的成本和利益，但是这些传统的分析方法对于奈特不确定性是束手无策的。因此，如何在奈特不确定性情境下进行决策既是组织研究领域长期以来的核心议题，也是管理实践一直关心的问题。

在高度竞争和高度关联的环境中高度不确定性是无处不在的，不确定性的概念界定主要涉及客观环境和主观感知两个方面。从客观环境角度而言，不确定性主要指环境要素信息的缺乏导致个体或组织对未来结果难以预测（Duncan，1972；Milliken，1987）；从主观感知角度而言，不确定性更加侧重的是一种感知不确定性，具体指对不确定事物的把握度、自信度不足，而不仅仅与相关信息不足有关（Downey，1975；武立东等，2012）。

2.2.2 奈特不确定性情境中的创业决策

不确定性被认为是创业情境的关键维度之一。不确定性主要来源于组织内部的技术创新以及组织外部的市场创新。在新创企业的创建过程中，创业者经常会面对各种不确定性，传统的创业决策相关研究主要关注的是创业过程中的两种不确定性。第一种不确定性是指如果创业者认为在受到高可预测性现象的影响下，他们的决策过程实则是寻找详细的和系统性信息的过程，通过分析这些信息来获取可实现的决策目标。在这一过程中聚焦于是否可通过概率预测来推测将来，以便制定出合理的决策。传统的风险概率分析方法对于解决这种由已知分布和未知取法组成的不确定问题是适合的。第二种不确定性是如果创业者认为未来受到某些高度不可预测性事件的影响，但是还是可以通过检验和实验的方法实施系统性的实证研究。同时，随着时间的累积，也会形成一些有效专家技能，那么他们的决策过程就包括检验和实验以及咨询专家型创业者的主观概率。在这种不确定性情形下仍然强调预测，并且使得预测通过反复的学习得到优化。解决这种由未知分布和未知取法组成的不确定性，贝叶斯估计在内的估计法是适合的，但是莎拉斯瓦蒂和西蒙（Sarasvathy & Simon, 1998）认为不确定性的情形不只包括以上两种，还有第三种不确定性，即奈特不确定性，并且萨阿斯瓦斯认定奈特不确定性是创业过程中最常见的一种不确定现象，其本质是未知的未来。所谓奈特不确定性，是指在不明确和不可预测的环境中存在的一种与风险相对应的不确定性，即在先验决策过程中既不能预见也无法与概率联系起来的结果。由于缺乏决策所需的信息与知识，因此无法预测环境相对于企业自身行为的状态、影响或响应（McKelvie et al., 2011）。这种不确定性使企业家在识别机会与资源的获取和协调方面面临很大的困难,具体来讲,奈特不确定性会影响企业对整个内外环境信息的客观、准确的判断,增加了精确识别、搜寻并获取所需知识、技术等资源以及企业快速全面制定理性战略决策的难度,进而降低了企业开展创业活动、提升创业绩效并获取创业成功的概率。

创业型决策发生在不确定的环境中,而非创业型决策发生在风险条件下(Alvarez & Barney,2005),这也是创业型和非创业型决策的一个关键区别所在。创业者及其新创企业是在不确定的条件下组建的,因此在创业者特质论和创业过程理论的基础之上,学者随后提出了决策过程理论,认为创业过程是蕴含了大量不确定性和复杂性的决策过程,并且将创业过程视为创业企业的战略决策过程,新创企业能否成功的关键在于创业者能否作出有效的决策(Sarasvathy,2001)。

创业情境以创业决策所面临的不确定性和模糊性为主要特征,加之面临着高度的资源约束和时间压力,创业者往往会形成不同常规的信息处理过程、思维方式和决策方式(Busenitz & Barney,1997)。将创业情境视为创业思维与行为的前导性因素,突出了创业情境研究的重要价值。知名的创业理论都是基于对创业情境的独到见解开发而来的,最典型的是萨阿斯瓦斯(2001,2008)基于奈特不确定性开发的效果推理理论。

总之,创业者所面临的一个基本的创业情境维度就是不确定性,研究学者大多使用不确定性来刻画创业情境。理解创业情境是创业理论开发的一项基础性工作。创业情境不等同于创业环境,创业情境不仅包括客观因素,也包括主观因素,以及主观因素和客观因素相互作用而产生的新的因素(蓝海林等,2012)。创业情境给创业者带来挑战,也带来机遇。创业者与创业情境往往相互影响,塑造彼此。在创业情境中历练,积累应对创业情境的思维方式和行动方法,对新创企业维持其核心竞争力至关重要。

2.3 环境不确定性及其感知

2.3.1 环境不确定性的内涵

最早提出不确定性概念的人是奈特(1921),奈特认为不确定是指相关信息和潜在结果是部分或完全未知的,通过学习或直觉预测未来结果。奈特还指出不确定性不等同于风险,两者之间的主要区别在于未来结果发生的概率是已知的还是未知的。其中,风险表示概率型的不确定性,具有一定的可靠性和规律性,可以根据以往经验判断事件发生的概率;而奈特不确定性是面对不可计量因素时的决策,无法通过概率对不确定性的发生和结果进行描述和测算,把握这种不确定性不仅依赖于先验知识,更依赖于个体独有的深度认知能力或情境知识。简言之,在风险条件下,结果发生的可能性是已知的,奈特不确定性涉及完全缺乏关于特定结果发生概率的信息。奈特不确定性应用到管理领域后产生了许多新的观点,进一步加深了对不确定性的认识。

环境最主要的特征是其本身及主体感知的不确定性(Duncan,1972)。环境不确定性描述的是企业对所在环境中技术与市场频繁变动趋势无法准确预测的一种状态(Miles et al.,1978)。不确定性这一概念实际上最初来自经济学领域,具体是指人们缺乏对事件基本性质的知识与信息,对事件可能的结果知之甚少,难以通过现有理论或经验进行预测和定量分析。当不确定性描述的对象是组织外部环境时,就被称为环境不确定性。从管理学的视角出发，不确定性主要指人与环境之间的互动，不仅包含企业内外部环境的客观状况，还包含主体对环境缺少相关信息的主观感知。邓肯于1972年在以往相关研究的基础上，提出了环境不确定性主要是指决策时或者缺乏外部环境信息因素，或者对于决策结果无法预知，或者环境对于决策的影响不可知。在邓肯等学者的研究基础上，迈尔斯等（Miles et al.，1978）指出，所谓不确定性是对企业绩效有着直接或间接影响的环境的不可预测性。米利肯（Milliken，1987）则给出了具有一般性的概念，要么是由于信息的缺乏，要么是无法精确推断将来事件的概率值，环境不确定性是相关管理者不能正确感知或精准预测组织外部环境的状态或发展趋势，同时将不确定性分为状态的不确定性、影响的不确定性和反应的不确定性三类。哈林顿等（Harrington et al.，2005）则指出，战略研究中，外部环境不确定性是指组织或任务环境的不确定性水平。

目前，对于环境不确定性的研究可以归结为以下两种思路：一是根据波特的五力分析或者按照环境的具体内容，进行分类研究，如可以将外部环境划分为经济环境、技术环境、政治环境、文化环境、自然环境等；二是从环境特征及其程度入手，如可从环境动荡性、复杂性、竞争性等角度来分解环境不确定性。环境内容具有太多的个体差异性，环境特征则具有一定程度的共同性（李大元，2010）。

2.3.2 环境不确定性感知的概念

如上所述，环境不确定性主要是指对企业绩效有影响的外部环境或者相关要素具有不可预测性（Miles et al.，1978）。目前对于环境不确定性的研究主要是从两个视角展开：一是实证主义视角，强调从客观角度认知环境的不确定性（archival environmental uncertainty，

AEU），认为环境不确定性需要对环境特征进行客观衡量，不应涉及具有主观性的主体对环境的认知与感知（Aragón - Correa & Sharma, 2003）。相应地，主要通过营业收入、毛利润或者净利润、研发投入等客观数据来测度不同环境系统的动态性和复杂性以衡量客观环境不确定性（Carpenter & Fredrickson, 2001）。二是充分关注并考虑人的主观视角，强调人的主观性对环境不确定性的感知与影响（perceived environmental uncertainty, PEU），认为环境不确定性主要来自决策者对外部环境的主观认知。当领导者或者决策者在自身对环境不确定性的感知下，无法预测环境的影响，那么创业行为的过程及结果就产生了不确定性（Piaskowska & Trojanowski, 2014）。实际上，邓肯在其1972年的研究中就强调了环境不确定性感知的重要性，指出主观感知如何在决定管理者响应环境时起了显著作用。学者们也进一步探讨了客观环境不确定性和主观感知的环境不确定性的区别（Ghosh & Willinger, 2012）。研究结果认为，两者的区别主要在于：第一，客观环境不确定性与组织整体状况相关，主观感知环境不确定性仅与组织决策相关；第二，客观环境不确定性同时测度了系统动态性，而主观感知环境不确定性仅仅测量了不可预测的部分；第三，客观环境不确定性是以过往经验历史数据为基础的，而主观感知环境不确定性包含了前瞻性的、与领导力相关的指标。此外，研究还表明，客观环境不确定性和主观感知的环境不确定性具有显著的相关性，相关系数为 0.257 ~ 0.374（Lueg & Borisov, 2014）。尽管已有研究表明客观环境不确定性和主观感知环境不确定性两者存在显著关联，但是目前的研究主要在证实主观感知环境不确定性对客观环境不确定性的解释效力，对客观环境不确定性对主观感知环境不确定性的解释效力以及客观环境不确定性转变为主观感知环境不确定性的过程机制尚不清晰。而有研究指出，在相同的客观环境下，不同的个体会产生不同的感知结果（Phua,

2007），只有当管理人员认为这些客观环境对他们重要时，他们才会采取相应的行动去应对。越来越多的学者认为，客观存在的外部环境对企业来说是机会还是限制条件，主要取决于管理者感知到的环境不确定性，而企业的高层管理者或决策者更多的是在应对其主观感知到的环境不确定性而非客观环境的不确定性。

这种不确定性可以分为客观环境不确定性和感知环境不确定性。其中，客观环境不确定性主要是利用实证主义观点及方法针对外部环境状态的客观集合进行测度；而感知环境不确定性可视作决策者或者领导者行为主义观点下对外部环境状态所感知到的知觉现象（Lueg & Borisov，2014）。到底从客观视角还是从主观视角来测量环境不确定性及其对其他变量的影响效应，之前的研究有所争论，但是目前来看大部分研究倾向于选择主观视角的环境不确定性感知进行测度（Schweizer，2015；Jahanshahi，2016；Yu et al.，2016）。这是因为主观视角下的环境不确定性感知比客观衡量指标更有效度，而且环境不确定性并非客观存在而应为一种知觉现象，对组织的决策产生影响的只有管理者感知到的不确定性，客观视角下的环境不确定性过分强调环境作用，忽略了决策者的主观能动性在战略形成中发挥的作用（Miles et al.，1978；李大元，2010），决策者如何分析和利用外部环境和信息实际上是由他们的主观认知决定的，感知视角更能反映决策中对环境的理解，总之，影响企业创新决策的环境需要通过决策者个人感知才能具体发挥作用，从主观视角提出的环境不确定性感知这一概念则有助于理解并跟踪内外部环境状态及目标等的动态变化形势，进而寻求及时有效的解决方案。

基于以上原因，同时由于客观环境不确定性程度较难测量，因此本书选择从主观视角出发探索环境不确定感知对创业决策逻辑与新创企业绩效关系的调节作用。同时本书认为，从信息诠释和处理视角看，企业管理者对环境的认知和感知是决策的重要依据，对企业创新行为选择具有重要影响。

2.3.3 环境不确定性感知的测量

环境不确定性感知作为一种重要的外部情境变量，是个体无法对外部环境进行准确预测的感知。与此同时，学者们在研究和实践过程中深化了对环境不确定性的认识，逐渐实现了从一维概念到多维概念的拓展。人们对于环境不确定的来源有了更加多元化的认知，不仅包含组织外部的经济形势、产业竞争、制度与法律、技术变革、社会文化等因素，也包含组织内部的人力资源、组织文化等因素（Miles et al.，1978；Daft et al.，1988；Maitlis，2005）。早期研究倾向于相对简单、单维度的测量。最初，马奇和西蒙（March & Simon，1958）只采用了一个维度，即资源丰富性来描述环境特征，邓肯（1972）则开始将环境不确定性分为复杂性、动态性；或者从时间、空间、状态三个方面出发，比尔德（Beard，1984）总结归纳了复杂性、动态性和丰富性三个维度来刻画环境不确定性，后又有研究者用"敌对性"来代替"丰富性"（Tan & Litsschert，1994）。

综上所述，学者们从不同的角度提出了环境不确定性感知的各种维度和测量方法，主要包括环境的复杂性、动态性、丰富性、敌意性和丰厚度等，涉及环境不确定性的实证研究，往往会基于这些基本环境特征维度进行组合，从多个方面考察环境不确定性的影响，环境的动态性是随时间推移、环境要素的波动性以及其保持静止或变化的程度，还包括对环境变化频率、幅度等指标的刻画；环境的复杂性描述的是影响组织活动的因素的数量、异质性及关联度；环境的敌对性是环境对组织生存与发展的支持程度，描述的是资源获取的难易程度，以及对这些资源竞争的激烈程度（Covin et al.，1989）。理论上，环境复杂性本身是与动态性紧密相连的，所以学者们针对环境影响展开研究时多从其动态性视角出发，而不是复杂性视角；而且，由于绝大多数企业都面临着众多的异质性主体，如竞争者、购买者、供应者等，因此从定量实证角度对复杂性维度展开测量的具体量表难以保证其构思效度。因此，目前已有关于环境复杂性的实证研究较为缺乏，大多是从动态性、敌对性（或丰富性）两个维度来测量和解析环境不确定性感知。例如，赵云辉等（2021）在借鉴前人相关研究成果的基础上，从环境动态性和环境敌对性两个维度共12个题项进行测量；樊建锋等（2021）则借鉴环境不确定性感知与创业决策逻辑关系并结合已有研究进行测量（李大元，2010；Miller & Friesen，1983），所采用的量表包含的两个维度也是环境动态性和环境敌对性，共计9个题项。

因此，本书将延续以上研究观点与结论，认为环境不确定性的感知也应是一个多维度变量，包含对环境多个方面特征与属性的感知，并且从环境动态性与环境敌对性两个维度对环境不确定性感知进行测量，创业者会结合对环境不确定性的感知去选择创业决策，并作出创业决策及创业行为，且影响到新创企业绩效。

2.4 新创企业绩效文献综述

新创企业绩效是指新创企业在一定时期内创业行为及创业活动所产生的成绩或成果。新创企业绩效这一概念指标不仅反映了新创企业绩效的产出水平，也显示了创业者绩效的重要指标。市场中成熟的在位企业一般是创办者与经营者通过委托代理制实现分离（丁栋虹，

2006)。而作为新创企业的创业者，往往兼具创办者与经营者的双重身份，对新创企业的战略和绩效影响也就更大。在新创企业的初创期，创业者不仅为新创企业投入大量财务资源，还投入大量时间、情感、精力等无形资源，承担着极大的风险甚至是不确定性。新创企业一定程度上可视作创业者自身特点的体现与延伸（Chandler & Jansen，1992）。

2.4.1 新创企业及其绩效的界定

"新创企业"一词在英文文献中用"New venture"或"Start-up"来表示，一般指新创建的但尚未进入成熟期的组织。实际上，学者们对新创企业的定义目前尚未形成一致观点，目前研究主要是结合研究者的研究要求进行相应的界定，已有研究主要从以下两个角度来界定新创企业：一个角度是根据企业成立年数；另一个角度是根据企业生命周期。

一些学者根据企业的成立时长来界定新创企业。例如，全球创业观察报告（GEM）将新创企业定义为成立时间小于42个月的企业，约为3.5年；有的研究则认为新创企业的标准应该小于3年（Hmielesk，2012）；有的学者则强调应该企业从成立之日算起，前8年是其生存与发展的关键时期（Larrafieta et al.，2012），并将成立时间不超过8年的企业定义为新创企业。在中国本土情境下，大部分的国内学者是根据成立的时间长度这一客观标准来界定新创企业的，林强（2003）提出界定新创企业的年限应该介于6~8年，张秀娥和张坤（2018）则认为划分新创企业的标准年限可以设定为8年。

一些研究认为，企业是否处于新创期不一定取决于年数，如比加迪克（Biggadike，1979）根据生命周期理论，将企业划分为初创期、成长期和成熟期三个阶段，其中将企业成立的最初 4 年称作初创期，接下来的 4 年可称作成长期，这两个阶段一共 8 年都被界定为初创阶段，也就是说，经过 8 年时长的初创阶段，企业才能进入成熟期；还有研究则认为，可以将企业生命周期分成四个部分，即萌芽发展期、产品化发展期、成长发展期以及稳定期，处于前三个阶段的企业都可以视为新创企业（Kazanjian，1988）。

综上所述，本书认为以生命周期作为新创企业的界定标准虽然比较清晰，但可测性较差，并且难以用客观指标对各阶段进行准确划分。绝大多数成立时长不超过 8 年的企业未处于成熟期。因此，本书以成立时间作为划分标准，成立时间不超过 8 年的企业界定为新创企业。

学者们对新创企业绩效的界定经历了两个阶段。早期的学者，倾向于将这一概念视作初创阶段终点的结果，认为新创企业绩效是创业活动呈现的最终结果（Chatterjee & Price，1991）。还有学者进一步将新创企业绩效视作新创企业能否取得成功或竞争优势的重要标准（Rutherford et al.，2012）。后来人们逐渐发现，这一概念指标不仅反映了企业目标的实现程度，也刻画了新创企业在某一时间段内的发展状况，是衡量新创企业创业活动是否有效的重要指标。新创企业绩效不仅是创业活动效率和效果的综合表现，而且能够反映新创企业生存性与成长性的综合状况（Lin et al.，2017）。

2.4.2 新创企业绩效的测度

新创企业绩效是创业行为的结果，能够反映创业活动的有效性，同时可以通过其竞争优势来体现。但是创业研究的初期阶段，学者们普遍认为利润是衡量业绩最直观、最重要的指标，所以大多数学者采用销售利润、产品利润等指标来衡量企业绩效。随着企业绩效研究的发展与完善，创业活动的复杂性也越来越显现，越来越多的学者认为绩效其实是一个复杂的多维度概念，其复杂性不仅体现在内容上，也体现在维度划分与指标测量方式上，但由于研究背景具有差异性，目前尚未形成统一标准。但是，大多数学者对新创企业绩效是一个多维度的概念普遍达成共识，即应该用多维度的指标去测量（Chandler & Hanks，1993）。

测量新创企业绩效的常采用的多个维度是财务绩效和非财务绩效，其中财务绩效是指新创企业在某些较短时期内的盈利状况，常采用销售利润率、资产回报率等经营性指标去衡量。但是，对新创企业来说，复杂而不确定的环境很可能会使新创企业在某个阶段生存性指标不佳，从而导致财务绩效较差，而单纯依据财务指标可能无法体现新创企业特殊生存状况下战略决策的潜在价值，甚至影响了评价和测量的客观性（Cooper，1994），对新创企业来说，未来的潜力和成长性才是更加关键和重要的指标。成长性的指标比，如市场份额增长率、新员工增长率等相对难以获取较准确客观的数据，因此一些学者考虑采用非财务绩效来测量新创企业的成长性（Hansen，1995）。因此，从财务绩效与非财务绩效两个方面全面考察新创企业的盈利性与成长性，只有将两者相结合才能对其进行全面、客观的评价。

与此同时，可以依据数据来源，将测量以及数据获取方式分为客观指标和主观指标。客观指标主要包括销售增长率、利润率、市场份额和资产报酬率等财务数据，因此客观数据具有难以获得性，而且涉及商业机密，所以很多企业不愿意向外界透露具体财务数据，因此很多学者选择采用主观绩效指标，如顾客满意度等。主观指标通过评估企业管理者和所有者对新创企业绩效的满意度，以及评估难以从财务指标中衡量的其他绩效维度（如创始人的创新机会、绩效满意度等）

来提高客观指标的准确性（Zahra & Bogner，2000）。因此，为了避免客观测量方法的局限性，更多学者开始以主观指标来衡量企业绩效，这种方法更具有灵活性，且不容易出现同源偏差的问题。主观衡量方法一般使用各种量表来评价创业团队核心成员对绩效的主观感知程度，可以弥补财务数据无法获取和标准不统一的问题。由于主观指标的测量对象大多数是对企业现状非常熟悉的核心成员或高层管理人员，反而使得信度和效度较高（Chandler & Hanks，1993）。

基于以上原因，本书选择主观衡量的方法来评估新创企业绩效。同时，采用财务绩效和非财务绩效来衡量新创企业绩效，其中财务绩效侧重衡量新创企业开展创业活动的最终成果，非财务绩效则侧重体现企业长期过程及发展潜力等方面的绩效。

2.5　悖论视角下双元创业决策逻辑关系理论构建分析

2.5.1　悖论内涵、应用及其与阴阳观的关系

"悖论"（paradox）这一概念源于哲学，近年来被研究者发现其普遍存在于组织管理领域，并被界定为"长久相互依存又相互矛盾的要素"（Schad et al.，2016）。这些矛盾对立的元素相互关联、彼此依存。具体来说，一方面，悖论的核心体现在矛盾要素之间的相互矛盾性。对立元素中蕴含矛盾（如创新—稳定、竞争—合作），矛盾使得对立要素"单独出现时似乎合乎逻辑，同时出现时却是荒谬和不合理的"（Lewis，2000），进而带来了张力（tension），以及更为激烈的竞争。另一方面，相互关联、相互依存强调了对立元素之间的不可分割

性。由于这些元素彼此定义，在一个连续体上存在，因而永远不能完全分离，就如同一枚硬币的两面。早期管理研究也提出，这些元素同时存在会产生更大的整体感，并能提高效率和创造力。由此可见，悖论是指相互对立且相互关联的一组要素各自单独存在时合理但同时出现时却显得不合常理的情形（Schad et al.，2016）。这些需求看似矛盾对立（相克），实则相互依赖依存（相生），这种现象被称为"悖论"（paradox）。悖论实质上是同一事物由两类相互对立、相互冲突的要素（观点）组成。既相互矛盾又相互依存的特性框定了悖论的核心本质，使之与其他相关概念（如辩证法、二元论等）有着本质上的不同，且被视为组织管理研究的元理论（meta-theory）（Raisch et al.，2016）。对于在组织管理中普遍存在的悖论管理问题，东西方文化持有的观点和看法是截然不同的：西方文化认为悖论是双元冲突的零和逻辑，是"非此即彼"的，而东方文化将悖论视作双元互补的共赢逻辑。东方文化主张超越表象上的冲突与对立，对矛盾要素的双方进行接纳和整合，看待矛盾或悖论的态度是"兼容并蓄"，即在动态包容的过程中构建和谐的整体（Lewis，2000）。

在日益复杂多变的竞争环境下，组织不可避免地面临各种矛盾冲突，作为一种元理论，悖论普遍存在于企业管理的各个领域，以识别特定情境中的矛盾要素（Schad et al.，2019），且贯穿在创新、战略、组织和人力资源管理的全过程。例如，在战略领域，所谓的悖论表现在企业必须处理短期效益和长期发展的关系，产品创新和生产效率之间的关系，要处理股东、客户、员工和社区之间的利益平衡关系，以及变革与保持稳定的矛盾（Farjoun，2010）。在组织领域，企业要面对和处理诸如科层制和扁平组织之间的平衡、跨界无边界和职责清晰之间的平衡，以及集权和分权、有序和无序、组织内部的分工与协作、正式组织与非正式组织之间的平衡。就组织结构而言，企业不会是绝对的科层制或者绝对的扁平组织,应该是科层制之中也能够看得到扁平组织的影子,扁平组织中也能看到有科层制的原则,两者之间更多的是互为补充和相互融合的关系。在人力资源管理领域,同样存在很多悖论关系,如企业希望员工之间既竞争又合作,竞争能够带来一定的压力和动力,能激活每个员工的能力和潜力。而员工之间的良性合作也会为企业发展带来有利的影响,如能够提高协作产出的效率、促进知识的传播和分享、促进知识的整合和创造。一点竞争都没有,企业肯定缺乏活力,但过度的竞争使得员工之间完全没有合作,又会破坏员工之间的默契协作与知识共享,以及企业的产出效率。在领导领域,领导者需要扮演多重矛盾角色,需要同时处理很多看似矛盾却又相互关联的需求,基于中国阴阳哲学理论提出的悖论式领导这一概念有助于更好应对企业及其领导者面对悖论时带来的挑战,对组织的生存和发展至关重要(Zhang et al.,2015;Smith & Lewis,2011)。

可见,在企业管理中存在大量的双元悖论,如探索与利用、长短期规划、创新悖论、稳定与变革悖论,都属于比较典型的基本的悖论范式。悖论及其矛盾要素确实已成为当前不确定组织环境中的"新常态"(Putnam et al.,2016),广泛存在于各类管理实践活动中,而悖论思维为管理组织中既冲突又互补的要素提供了有益洞见。面对组织悖论时首先应该接受构成悖论的矛盾要素的同时存在(Smith & Tushman,2005),鼓励管理者及公司拥抱悖论进而与悖论"共舞"。此外,仅仅接受或者不反感悖论是解决不了悖论关系中的矛盾冲突的,还应该帮助他们建立对悖论的理性认识,而中国的道家哲学思想——阴阳思维是一个解决悖论问题可遵循的有效理念,在各类悖论问题的解决中发挥了积极作用(Chae & Bloodgood,2006)。

阴阳思维是易经中的核心思想,阴阳思维认为世界上任何两种相互对立又相互依附的事物都可称为阴阳,如黑与白、天与地、冷与热、昼与夜，阴阳要素矛盾而互相变通，对立而统一，共同组成了整个宇宙系统。阴阳之间的巨大张力使得向一个方向倾斜时，反而会被更强烈地拉向另一个方向，缺少任何一个方向，另一个方面都是不完整的，悖论关系潜在的两个矛盾要素之间的这种张力好比"持续自我更新的阴和阳"（Gibson & Birkinshaw，2004），依据这一阴阳思维涌现出大量试图解决悖论的研究（Cheng，1987）。

悖论本质上作为一种元理论，存在很多的研究领域，而阴阳观实际上服从悖论元理论，阴阳理论中对矛盾关系的认知，为解决管理中的悖论问题提供了新的思路（罗霄依和孙黎，2018），对于深入探讨效果推理逻辑与因果推理逻辑的悖论关系也具有重要的作用。具体来说，世间万物皆有阴阳，阴代表的事物特征是冷静的、柔顺的，阳代表事物具有动的、活跃的、刚强的等特征。首先，每对悖论要素不仅包含倾向于冷静柔顺的阴极元素（如合作、稳定、利用等），也包含倾向于活跃、趋向于控制与即兴的元素（如竞争、创新、探索等）。持有阴阳思维的管理者会从整合性思维出发看待代表阴、阳的悖论元素，重视这些元素的和谐与平衡，而不会只关注其中一种创新而忽略另外一种。其次，在面对矛盾时，史密斯和路易斯（Smith & Lewis，2011）就指出，人们的第一反应是抵制（或否认和压制），从而试图避开这些不一致。换言之，没有建立阴阳思维的管理者，通常容易采取"或此或彼"（即 either/or）的思维，并且在面临多重悖论时感到迷茫、焦虑和压抑，进而抑制新创企业绩效的获得与提升。而建立阴阳思维的管理者，会将每对悖论视作阴和阳的有机组合，认为两者冲突矛盾的同时共生共存，阴阳的相互依赖和牵制是正常且不可改变的，即阴中有阳、阳中有阴。这样，阴阳思维会帮助管理者将各种悖论视作相伴相生的矛盾整体，从而接受并积极应对这些冲突。最后，应用系统思维从更广泛的视角突破二元论范畴，将矛盾各方互动转化的机制研究引向深化和一般化。超越具体问题而作为复杂性科学概念工具和思考方式的系统思维,强调把世间万物看作一个复杂系统,从整体角度探寻问题的解决方案(Sterman,2000)。摒弃"二元论"转而采用系统思维,可以更好地解决复工与疫情防控之间的悖论,且促进悖论管理理论研究加快"从平面矛盾观上升到立体矛盾观"的创新(雷正良,2008)。

2.5.2 效果推理、因果推理悖论关系的理论构建

效果推理、因果推理两者在理论基础、本质、原则等方面都各不相同,因果推理逻辑强调的是预测、评估,而效果推理逻辑强调的是非预测和控制。过度的依赖基于明确目标、计划以预测为主的因果推理会导致新创企业忽视市场与技术等外部环境的变化,最终停滞不前,从而落入"成功陷阱";过于注重基于现有手段资源的以控制为主的效果推理会导致新创企业运营风险的增加,无法充分调动并利用现有能力,从而产生"失败陷阱"(Andriopoulos & Lewis,2009)。因此,片面强化创业过程中的效果推理可能使得创业者为了更好地明确目标,不断试错与迭代,搜索与选择,易错失良机;而只倚重因果推理,创业者会致力于通过有效的活动来实现既定目标。

通过现有的效果推理与因果推理的相关研究可以发现,创业领域的这两种战略决策逻辑也具有既相互依存又相互对立的悖论关系,这两种战略决策逻辑类似于利用和探索,成本领先与分化等之间的关系。基于二元论的哲学基础,探索与利用之间的冲突是显而易见的,并且基于二元论视角下的探索与利用两者之间的关系,更多的是建立在对立与冲突以及整合与分化的层面上,探索与利用则是一条线的两端,两者之间具有竞争关系,相互争抢资源,且不断的冲突。

将阴阳观和悖论思维应用于解释效果推理与因果推理之间的矛盾关系，认为效果推理与因果推理是一个完整事物不可或缺的两面，虽然两者存在差异，但同时两者是互补的、协同的和可以相互转化的，是你中有我、我中有你的包含关系。效果推理与因果推理像阴阳两个元素一样，是组织正常运作不可或缺的根基，应寻求效果推理与因果推理之间的相对平衡。这一认识上的突破，为两种创业决策逻辑的共存与动态平衡研究打开了新的大门。

经过文献梳理可知，效果推理与因果推理的相生相克关系存在于两者各自的驱动力、益损观、联盟观、权变观这四个维度上。效果推理、因果推理双元创业决策逻辑的四个维度之间相生相克关系具体表现见表2-3。由表2-3可知，双元创业决策逻辑在四个维度存在悖论关系，而每对悖论不仅包含倾向于确定、趋向于预测与计划的元素（即目标驱动、收益最大化、强调竞争和避免意外），也包含倾向于活跃、趋向于控制与即兴的元素（即手段驱动、损失最小化、先前承诺和拥抱意外）。持有阴阳思维的管理者会从整体性思维出发看待代表阴、阳的悖论元素，重视这些元素的和谐与平衡，而不会只关注其中一种创新而忽略另外一种，阴阳思维会帮助创业者将创业决策逻辑悖论看作整个创业决策过程中相伴相生、不可分割的矛盾整体。

表2-3　双元创业决策逻辑各维度相生相克关系

维度	效果推理	因果推理	相生关系	相克关系
驱动力	手段驱动	目标驱动	手段驱动与目标驱动相互配合并产生协同效应	两者存在目标—手段冲突
益损观	成本可控	追求效益最大化	长期的追求效益最大化与短期的成本可控有机结合	效益最大化有可能带来较大的风险，使得成本不可控，财务陷入麻烦

续表

维度	效果推理	因果推理	相生关系	相克关系
联盟观	战略联盟	竞争合作	与战略伙伴，既有竞争也有合作	或谨慎或积极地寻找合作伙伴，无法同时兼顾
权变观	拥抱意外	尽可能避免意外	尽量避免意外，一旦遭遇意外，也去勇敢面对，可能获得意外带来的机会	拒绝意外有可能错失良机

资料来源：笔者根据相关文献整理。

效果推理与因果推理这两种创业决策逻辑既相互对立又相互依存，可看作一组典型的悖论要素，在早期的关于创业决策逻辑的相关研究中，主要围绕两者的张力与冲突展开。相关研究着重探讨两者在时间和空间机制上的分离机制，而悖论关系对效果推理和因果推理之间关系的解释，为双元创业决策逻辑的研究提供了新的视角与洞见。在悖论视角下，效果推理与因果推理的冲突与相互依存，类似于道家的阴阳关系，两者具有协同作用，并能够相互转化，从而使得创业决策逻辑的双元研究从依赖与分离的方式过渡到探索如何在整个创业决策过程中实现一致性与适应性。

但是现有的文献对于整个创业决策过程中效果推理与因果推理双元关系的探讨局限于分离机制的探讨，相对而言，忽略了悖论视角下创业者个体认知层面上两种创业决策逻辑之间相互补充和转化的关系，也忽略了双元创业决策逻辑实现的适应性和一致性。因此，本书拟从悖论逻辑视角出发，借鉴阴阳研究范式，探讨效果推理逻辑与因果推理逻辑在创业决策过程中既对立又统一的整合模型及实现机理。持续的动态平衡是悖论视角下双元创业决策逻辑在认知上的深化，阴阳理论中对于矛盾关系的认识也为解决管理中的悖论问题提供了新思路和新视角，这对于解决双元创业逻辑悖论具有重要的意义。

总之，效果推理逻辑与因果推理逻辑这一对双元创业决策逻辑面对高度动荡的各种外部环境，创业者及其新创企业既需要通过因果推理逻辑做好现有的业务，也需要通过效果推理逻辑来应对外部环境变化所带来的冲击。然而，这两种创业决策逻辑却充满张力，相互竞争，并且争抢资源。是权衡（专注于其中一个）还是平衡（同时兼顾）？企业面临着两难的困境，这实际上可以视作一种悖论。与此同时，效果推理和因果推理双元创业决策逻辑之间的交互与平衡是创业者及其创办的新创企业克服不确定性及新创弱性，持续进行知识的获取与应用，不断提升各种能力以及绩效的关键。如何面对并拥抱双元创业决策逻辑形成的悖论关系，并探索这一悖论的矛盾双方——效果推理与因果推理的整体动态平衡状态，成为本书拟解决的关键问题。

2.6　本章小结

本章通过梳理相关理论回顾以及效果推理、因果推理理论，发现关于效果推理逻辑和因果推理逻辑的初期研究大多聚焦于概念、维度、差异性等方面，并且将两种决策逻辑视为一个连续变量的两端，甚至认为两者具有对立关系。随后相关研究很快涵盖了战略管理几乎所有热点话题，实证研究更多地聚焦于效果推理在不同情境下对于相关绩效的影响与作用。人们逐渐发现，这两种逻辑间并不存在谁优于谁的关系，效果推理并不一定是最有效的，因果推理也并不是不适用于创业活动。创业企业的绩效如何，有时也取决于这两种方法如何结合在一起。作为两种理论基础完全不同的两种创业决策逻辑：因果推理和效果推理，本书认为因果推理和效果推理形成了一对创业决策逻辑悖论关系，而阴阳观是解决处理悖论问题的有效理论依据，本书在阴阳观理论视角下，将这一悖论分别从驱动力、成本观、联盟观、权变观四个维度出发，将矛盾要素分别厘清各个维度对应的相生相克关系。在充分借鉴已有研究的基础上，为后续的实证研究奠定重要的理论基础。

第3章 创业决策逻辑与新创企业绩效关系的理论模型构建

3.1 效果推理、因果推理创业决策逻辑与新创企业绩效

效果推理和因果推理这两种创业决策逻辑在原理上并不相同，并且两种逻辑相互独立、彼此区别，可认为是一种并列平行关系，同时两种决策逻辑可视为一个连续变量的两端，甚至认为两者具有对立关系。已经有相关研究提出应该关注效果推理逻辑的"阴暗面"，甚至开始质疑效果推理逻辑的线性效应，认为效果推理并不总是导致机会的创造以及绩效的提升，效果推理逻辑并不优于因果推理。这些研究逐渐引起学者们的关注，效果推理逻辑的作用过程中是否存在"过犹不及"的非线性效应呢？同样地，因果推理逻辑对新创企业"一无是处"吗？

基于此，本章选取效果推理、因果推理、环境不确定性感知以及新创企业绩效四个变量，依据相关文献构建了概念模型，并提出了相应的理论假设。此外，提出了实证研究的设计方案，包括问卷设计、变量测量、数据收集及其分析工具等，为第4章的实证分析提供了理论依据和方法基础。

3.1.1 效果推理逻辑对新创企业绩效的倒"U"型关系

萨阿斯瓦斯（2001）将效果推理概念化为创业者面对增加的不确定性时的创业决策逻辑，因此效果推理理论的核心是处理不可知的未来。早期的大多数相关研究肯定了效果推理逻辑对各种绩效的积极作用，费希尔（Fisher，2012）在后续的研究中也提出，在不确定性增加的情况下，使用基于非预测性的效果推理逻辑策略的可能性更大。遵循效果推理逻辑的创业者，其知识库和手段集的动态优化与调整会为其带来更多的创业机会，以及更佳的新创企业绩效。威尔特班克等（Wiltbank et al.，2006）也认为效果推理逻辑相比因果推理更有利于创业机会的创造。

但是目前的研究主要关注效果推理逻辑的积极效果，忽略了可能存在的消极影响，并且局限于探讨效果推理逻辑与结果变量之间的直线关系，尚未有研究探索效果推理及其因变量之间的曲线关系。实际上，已经有相关研究提出应该关注效果推理逻辑的"阴暗面"（于晓宇和陶奕达，2018），甚至开始质疑效果推理逻辑的线性效应，认为效果推理并不总是导致机会的创造以及绩效的提升（Maine et al.，2015）。这些研究逐渐引起学者们的关注，效果推理逻辑的作用过程中是否存在"过犹不及"的非线性效应呢？探索效果推理的"阴暗面"有利于形成对效果推理更为全面的认识。

实际上，"过犹不及"效应的来源可归结为儒家哲学思想中的适度原则。儒家哲学思想中提及的"中庸""执两用中"其实是在强调过多或者过少都会产生不利影响，一定程度的适中是最好的。皮尔斯和阿吉尼斯（Pierce & Aguinis，2013）提出管理学中的"过犹不及"效应，核心内容为在组织情景中，那些对企业及绩效有利的且被视作

第3章 创业决策逻辑与新创企业绩效关系的理论模型构建

"积极"的变量,他们的积极作用会有临界点,当"积极"变量水平到达临界点之后,积极变量的积极效应就会消失,取而代之的是消极影响,即可能呈现倒"U"型的非线性关系(邢璐等,2018)。"过犹不及"效应的提出引发了变量之间非线性关系研究的热潮,受到了学者们的广泛关注,并进一步采用实证研究方法来证实组织管理中存在的"过犹不及"效应及其合理性,在国内外权威期刊上涌现出大量围绕"过犹不及"主题的文献。这些众多曲线关系研究弥补了变量之间线性关系研究的不足。

本书假设效果推理与新创企业绩效之间表现为倒"U"型关系。具体来讲,一方面,持有效果推理逻辑的创业者会首先锚定于既有手段和资源,在此基础上,采取低成本的试验与有先前承诺的利益相关者进行战略合作,并积极对外界不确定环境进行互动,在试验反馈中获得数据、信息和经验,同时积极利用各种非预期的情境创造机会与价值,实现对不可预测环境的控制。在这一过程中,创业者在控制低成本的原则下进行各种试验,并持续保持着与市场、用户及其他利益相关方的互动,低成本试验及互动不仅可以有效增进对外界不确定环境的认识,而且可以扩大战略合作范围,有助于已有手段集和知识库的动态扩展,并且这些都将带来创业者认知模式和特征的改变,从而影响其创业决策以及后续所采取的创业行为(杨俊等,2015),因此效果推理逻辑是一种更为理性的决策逻辑,能够帮助创业者作出更有效的决策从而提升新企业的各种绩效(Sarasvathy et al.,2008)。

另一方面,效果推理逻辑聚焦于手头可用资源手段,虽然这种"指哪打哪"的思路使得创业者更多地考虑如何对自身条件与资源进行充分开发与利用,主观能动地创造和识别创业机会有助于新创企业短期内在市场竞争中获得竞争优势。但是,如果创业者过于依赖效果推理逻辑,就会导致新创企业的运行过程中充满太多的柔性和权变性，缺乏经验累积和组织惯例以及以目标为导向的经营策略，随着时间的推移，将会阻碍新创企业的成长性以及长期绩效的获取。实际上，这种过犹不及效应正体现了阴阳观思维中的动态性规律以及非线性原理，即阴阳矛盾的双方水平都过高或过低时，效果不会达到最佳，只有都取适度的水平值时，才会达到效果最佳，双方与绩效之间呈现非线性的倒"U"型关系（李平，2013）。因此，提出如下假设。

H1：效果推理逻辑对新创企业绩效有倒"U"型影响，当效果推理逻辑在某水平时，其对新创企业绩效具有正向影响；当其超过某特定水平时，其对新创企业绩效的正向影响就会减弱，并产生负向影响。

3.1.2 因果推理逻辑对新创企业绩效的"U"型关系

近年来，随着钱德勒等（2011）以及布雷特尔等（2012）的代表性的测量量表的推出，大量效果推理理论的实证研究主要是围绕效果推理对各种相关绩效的积极影响进行展开，效果推理逻辑与新企业各种相关绩效之间的积极相关关系也得到不少研究的验证，但是与此同时，大多数学者并没有否认因果推理在创业决策过程中依然会被采用，很多学者也就何种情况下决策者采用的主要决策逻辑会发生转换等问题进行了有意义的讨论（Welter & Kim, 2018）。如第2章所分析的，效果推理和因果推理这两种创业决策逻辑在原理上并不相同，并且两种逻辑相互独立、彼此区别，可认为是一种并列平行关系，同时效果推理逻辑并不优于因果推理（Svensrud & Asvoll, 2012）。因此，萨阿斯瓦斯（2001）的开创性研究以及随后的相关研究均认为在创建、发展新企业和新市场时，不排除因果推理逻辑分析。这些学者认为，随着新公司和市场从不确定性走向更可预测的局面，创业早期阶段强调的效果推理向更具因果推理逻辑的战略过渡（Read & Sarasvathy, 2005）。

第3章 创业决策逻辑与新创企业绩效关系的理论模型构建

未来不仅是未知的，往往是不可知的（Sarasvathy，2001）。创业者为了使一个组织在这种情况下继续生存下去，就必须采取不同的方法来决定未来。当创业者面对不确定性不知道该怎么办时，如果此时希望通过依赖预先设定的目标和先前的信息来规划未来，则可采取因果推理逻辑，尽管因果推理逻辑会降低新创企业的灵活性与柔性。

由于因果推理逻辑是一种基于预先设定目标的创业决策逻辑，因而因果推理逻辑下的创业决策常被视作与计划、目标以及凝聚力有关的过程（Kristinsson et al.，2016）。例如，在生物技术行业的新创企业有可能要长期面对市场和技术的高度不确定性。而在其创意阶段，创业团队多样性与创新绩效之间的正向关系就会受到因果推理决策逻辑的正向调节作用。甚至有研究表明即使是在高不确定环境下，由于风投监管以及财务等外部约束的存在，新创企业面临效果推理向因果推理的战略过渡。任何创新性产品在问世前，其"市场"信息都是极为模糊的，这种模糊性来自消费者、生产商、供应商、零售商等其他利益相关者，他们对产品的认知和看法不完全一致，若此时对未来市场环境和创业机会采取基于因果推理的预测和识别的方式，就可以通过竞争战略获得现有市场的市场份额。

因果推理强调通过市场竞争分析和制订精密的战略计划以实现预期收益最大化（Reymen et al.，2017），体现为基于制订计划的预测型决策逻辑。遵循因果推理的新创企业倾向于全面系统地搜集竞争者信息，并花费较多时间和精力对市场情况和竞争对手进行分析，认为通过使用市场竞争分析可以按计划推进创业拼凑的实施。但是在高不确定环境下，新创企业受到能力、时间和资源有限性的制约（Brettel et al.，2012），中低程度的因果推理对市场竞争状况进行分析的结果不一定准确，可能会导致错误的决定，不利于新创企业配置现有资源来解决问题。遵循因果推理的新创企业强调市场竞争分析是很有价值的，这可能会影响企业间的竞争对抗程度和有限资源的分配方向（杜运周等，2012）。在高不确定环境下，中低程度的因果推理使得新创企业陷入激烈的竞争对抗困境中，导致无谓的资源损耗，不能将有限的资源投到为顾客创造价值上，从而降低了对现有资源的有效利用。此外，因果推理促使新创企业在进行创业拼凑时以既定目标为决策依据，通过选择最优的资源组合来达到这个既定目标（Sarasvathy，2001）。然而，新创企业所处的外部环境越来越复杂和动态，采用因果推理的新创企业在实现预设目标的过程中要耗费较多的时间和精力对市场信息进行搜寻和处理（Sarasvathy et al.，2014），容易造成注意力分散、缺乏专注，从而错过捕捉机会的最佳时机。在高不确定环境下，各要素间的关系变得隐含和模糊，使得新创企业对决策目标判断与理解的难度增大，中低程度的因果推理在一定程度上限制了对外部环境的适应能力，导致对现有资源的利用效率低下。

随着知识和经验的不断积累，新创企业运用因果推理的程度有一个不断演变的过程。中高程度的因果推理使得新创企业能够对市场状况和竞争对手进行有效的分析，通过制订精密的战略计划有助于提高资源配置效率（Chandler et al.，2011）。遵循因果推理的新创企业会密切关注竞争者的市场行为，从而采取有效的战略行动以满足顾客需求，但不会引起竞争者的激烈对抗。在高不确定环境下，中高程度的因果推理促使新创企业能在恰当的时机采取适宜的竞争行动，避免引起企业间竞争对抗的升级，有助于新创企业利用有限资源更好地为顾客创造新价值（杜运周等，2012）。此外，中高程度的因果推理在以既定目标为依据进行市场信息搜寻和分析的过程中可以感知到顾客需求的变化，增进对市场需求及价值创造的理解，从而可以更好地利用现有资源解决问题。在高不确定环境下，中高程度的因果推理促使新创企业逐渐熟悉外部市场环境，加强企业内部创新知识的积累和转化，通过有效识别新的市场机会，有助于提高现有资源的利用效率。因此，本书提出如下研究假设。

H2：因果推理逻辑对新创企业绩效有"U"型影响，即：当因果推理逻辑的水平较低时，其对新创企业绩效具有负向影响；随着因果推理水平的提升，其对新创企业绩效的负向影响逐渐减弱，并当其超过某特定水平时就会产生正向影响。

3.1.3 效果推理逻辑与因果推理逻辑的交互对新创企业绩效的倒"U"型关系

萨阿斯瓦斯（2001）从概念上提出因果推理与效果推理是创业过程中的两种不同而独立的方法。这两种创业决策逻辑的不同之处不仅体现在概念及特性上，在原理上也有很大区别。但是尽管如此，大量的研究表明，很少有创业者遵循纯粹的因果或纯粹效果推理战略和流程（Rust，2010），这两种逻辑可以在新企业的创业决策过程中并存。效果推理和因果推理的结合使用为创业决策提供了一个更全面的展示机会，而即使已经证实创业过程中存在效果推理也并不一定意味着因果推理的缺失。虽然效果推理在原理上并不一定优于因果推理，但是两者作为一种并行逻辑可存在于不可预测的情形中（Svensrud & Åsvoll，2012）。所以对于管理者，做两手准备将会是万全之策（Smolka et al.，2018）。

绝大多数的研究对于两种逻辑在创业决策过程中的共生共存关系是越来越认可的（Ruiz et al.，2020），效果推理和因果推理的混合决策逻辑在新创企业发展过程中可不同程度地出现、再现和共存；进一步实证研究则表明，效果推理和因果推理不仅可以兼得，且两者之间可能存在相互补充协同作用，也可能存在相互冲突的作用，如斯莫尔卡等（2016）的研究验证了双元决策理性对绩效的积极作用，但马里纳等则认为追求这样的组织双元性（即因果推理和效果推理的联合使用）可能对企业有利也可能对企业有负向影响（Marine et al.，2015；Fisher，2012）。目前，针对效果推理和因果推理两者共存交互产生的效应的研究存在一定争议，双元创业决策逻辑——效果推理和因果推理之间的互补效应和冲突效应需进一步检验。

根据阴阳观思维和悖论相关理论，本书认为效果推理与因果推理的交互作用对于创业企业的绩效影响是一种倒"U"型的非线性关系。具体来说，一方面，效果推理和因果推理的结合使用弥补了单独使用效果推理或因果推理的不足，通过将因果推理和效果推理结合起来，创业者不仅按照有助于刺激成功的未来方向行事，而且能够快速适应环境（Brettel et al.，2012）。通过这种方式，企业可以从效果推理和因果推理的结合中获益，从而提高新创企业绩效。而且，因果推理和效果推理是两个不同的战略决策逻辑，考虑不同的方面，因此需要不同类型的信息。其中，因果推理考虑更多的是长期目标，效果推理则更关注短期实验。通过将这些不同类型的信息和观点整合到决策过程中（Duan & Binbasioglu，2017），企业可以作出更平衡的决策，避免危险的极端情况，以应对环境不确定性。

另一方面，阴阳观的整体性原则认为，任何事物都包含两个相互对立的元素，缺少一方都是不完整的。对立双方之间不是绝对的彼此独立的关系，而是存在相互依赖、相互补充的关系。因此，阴阳思维视角下的两种创业决策逻辑的交互也有可能对新创企业绩效产生负面的影响和作用。这是因为两种战略决策逻辑在不同的基础上执行战略，这可能导致矛盾的结果，此外，通过因果推理和效果推理在不同基础上制定的目标和战略需要不同的组织结构和运作过程，这可能导致组织内部的冲突（Johnson，2005）。根据阴阳观的对立统一原则，悖论的矛盾双方既冲突又互补，当双方占比均较小时，两者互补较

第 3 章　创业决策逻辑与新创企业绩效关系的理论模型构建

少,但冲突也少;当双方占比都较多时,两者冲突也随之增多,以上两种情况下都远离系统的和谐稳定状态。只有当双方都适中或一方占比大另一方占比较小时,才能达到冲突最小、互补最大,从而接近甚至达到和谐稳定的理想状态,所以两种创业决策逻辑的交互对新创企业绩效的作用也应是一种非线性效应(Fang,2012;李平,2013)。与探索和利用之间的关系相类似,因果推理和效果推理也会争夺各种资源,如注意力、时间等,但注意力和时间总是有限的。因此,新创企业在选择因果推理、效果推理抑或两种逻辑组合时,需要分配注意力和时间,因果推理和效果推理的结合使用可能导致成本增加以及效率降低。

综上可以发现,两种创业决策逻辑的交互对新创企业绩效可能有正向影响也可能有负向影响,本书进一步假设当两者水平都较高或较低时,新创企业绩效较低;只有两者适度,新创企业绩效才能达到最佳。这是因为效果推理水平较高,可能使得创业者效率不佳甚至失去获利最大化的机会;而因果推理水平较高,可能会导致缺乏相应的推理以及面对意外事件的柔性能力,即当效果推理和因果推理都较高时,不仅会无法保障新创企业长期获利最大化以及对外部环境不确定性敏感度的缺失,而且有可能造成新创企业内部资源紧张,创业者自身精力、时间无法很好地兼顾平衡,从而导致较低的新创企业绩效。当效果推理适度时,有助于创业者及其创办的新企业通过低成本的试错和迭代实现各种资源的累计以及合理配置;当因果推理适度时,有利于创业者及其创办的新企业通过制定精细计划实现目标收益,即当效果推理和因果推理都达到适度时,不仅低成本持续累计各种资源和手段,而且可以使得创业者实现既定目标,此时两者的互补效应较大,新创企业绩效较高。因此,提出以下假设。

H3:效果推理逻辑与因果推理逻辑的交互对新创企业绩效有倒

"U"型影响，当两者水平都较高或较低时，新创企业绩效较低；只有两者适度，新创企业绩效才能达到最佳。

3.2 环境不确定性感知的调节效应

3.2.1 环境不确定性感知对因果推理、效果推理与新创企业绩效的调节效应

不确定性是创业者所面临环境的本质特征，环境不确定性主要是指对企业绩效有影响的外部环境或者相关要素具有不可预测性（Miles et al.，1978）。这种不确定性可以分为客观环境不确定性和感知环境不确定性，其中客观环境不确定性主要是利用实证主义观点及方法针对外部环境状态的客观集合进行测度；而感知环境不确定性可视作决策者或者领导者行为主义观点下对外部环境状态所感知到的知觉现象（Leug & Borisov，2014）。到底从客观视角还是主观视角来测量环境不确定性及其对其他变量的影响效应，之前的研究有所争论，但是目前来看大部分研究倾向于选择主观视角下，即环境不确定性感知开展相关实证性研究（Duncan，1972；Jahanshahi，2016；Yu Wang & Brouthers，2016）。这是因为主观视角下的环境不确定性感知比客观衡量指标更具效度，而且环境不确定性并非客观存在而应为一种知觉现象，对组织的决策产生影响的只有管理者感知到的不确定性，客观视角下的环境不确定性过分强调环境作用，忽略了决策者的主观能动性在战略形成中发挥的作用（李大元，2010），决策者如何分析和利用外部环境和信息实际上是由他们的主观认知决定的，感知视角更能反映决策中对环境的理解，主观视角提出的环境不确定性感知有助于整合组

织内外部环境状态及目标等的动态变化，寻求及时有效的解决方案。

环境不确定性作为一种重要的外部情境变量，是指个体无法对外部环境进行准确预测的感知。考虑创业者会结合对环境不确定性的感知去选择创业决策，作出创业决策及创业行为，并影响新创企业的相关绩效，因此本书选择从主观视角出发探索环境不确定感知对创业决策逻辑与新创企业绩效关系的调节作用。

外部环境会影响企业的组织架构和战略决策（曾萍等，2011），创业者希望采取的新创企业战略能够及时适应环境，企业战略逻辑是战略的重要构成要素，是战略决策的基础。因此，作为创业决策主体，创业者对环境不确定性的感知将直接影响企业战略以及企业战略逻辑。与此同时，创业者对环境不确定性的感知都与未来的不可预测性有关。而不可预测性是效果推理理论的重要决策环境（Sarasvathy，2001），奈特提出的环境不确定性及由此带来的不可预测性使得基于经典预测逻辑的决策方法失效。创业者在感知到环境不确定性较高时，此时创业者对于环境不确定性的波动更加敏感，创业者的心理距离增加，为了应对不可预测的不确定性，创业者更加重视能够引起新创企业绩效增加的决策逻辑，使得效果推理、因果推理与新创企业绩效之间的关系不断得到强化。环境不确定性感知较高时会强化双元创业决策逻辑与新创企业绩效之间的关系，因此，本书认为环境不确定性感知会正向调节效果推理、因果推理分别对新创企业绩效的倒"U"型与"U"型影响。因此，本书提出以下假设。

H4：环境不确定性感知增强效果推理对新创企业绩效的倒"U"型影响。一方面环境不确定性感知增强效果推理与新创企业绩效倒"U"型关系中效果推理对新创企业绩效的促进作用；另一方面，环境不确定性感知也增强效果推理与新创企业绩效倒"U"型关系中效果推理对新创企业绩效的负向作用。

H5：环境不确定性感知增强因果推理对新创企业绩效的"U"型影响。一方面，环境不确定性感知增强因果推理与新创企业绩效"U"型关系中因果推理对新创企业绩效的负向作用；另一方面，环境不确定性感知也增强因果推理与新创企业绩效"U"型关系中因果推理对新创企业绩效的正向作用。

3.2.2 环境不确定性对两种决策逻辑的交互作用与新创企业绩效关系的调节效应

不确定性是创业者所面临环境的本质特征，对创业者来讲，外部环境的复杂性、动态性、竞争性等不确定性因素集中表现为环境的模糊性和不可分析性。面对有限的决策信息，通过扫描环境与收集信息预测未来的价值不大。根据社会心理学理论，组织或个体的目标设定和行为选择均会受到组织内外部环境要素的共同影响，因此，当创业者对环境不确定性感知越强，预测远景与可控结果之间的差异越大，相应地，面临的风险也越大。对创业者来说，促使其进行策略或是战略调整增强权变性，以适应环境不确定性感知加强带来的巨大的管理风险，从而增强或减弱创业决策逻辑组合多元化的积极效应，即当感知到的环境不确定性越强，效果推理、因果推理交互对新创企业绩效的倒"U"型关系就会越明显。

对两种创业决策逻辑对新创企业绩效的正向作用来说，在高不确定环境下，新创企业难以有效把握市场未来发展趋势，导致结果和预期目标之间存在较大的差异，此时效果推理和因果推理之间会更多呈现出"相生"的互补关系。阴阳观的整体性原理指出，效果推理和因果推理就如决策逻辑的阴阳两面，两者相互依赖、相互作用，因而可以看作一个相互关联的整体。在高不确定环境下，效果推理和因果推理的组合使用弥补了单独使用其中一种逻辑可能导致缺乏效率或灵活性的不足，一方是另一方的有利补充，两者结合带来的优势得到增强而弊端会减弱，表现出利大于弊。效果推理虽然有利于新创企业在高不确定环境下加强对现有资源的特性进行准确分析，通过与外部利益相关者建立战略合作关系以应对环境变化（Chandler et al., 2011；郭润萍，2016）。但是仅采用效果推理将会造成缺乏具体和一致的目标，不能为未来提供指导方向，从而会导致企业对现有资源进行拼凑的效率不高。此时，因果推理通过市场竞争分析和制订商业计划为新创企业资源配置活动提供了明确的目标和方向（Fisher, 2012），进而有利于提升创业拼凑的效率。在高不确定环境下，新创企业可以用因果推理来作为效果推理的补充，以应对当前目标不明确的问题。并且，处于高不确定环境下的新创企业仅采用因果推理将花费大量时间在制订详细的行动计划上，导致新创企业缺乏快速适应环境变化和识别新机会的组织柔性，从而容易受到意外事件的威胁（Sarasvathy, 2001）。此时，效果推理促使企业保持灵活性能够在不可预测的环境中充分利用偶然因素以创造价值，并通过快速调整自身运作流程以捕捉潜在机会，从而有助于对多样化资源进行拼凑（Reymenetal, 2015；Welter et al., 2016）。根据阴阳观的辩证性原理，效果推理和因果推理两者既相互冲突又相互补充，在高不确定环境下两者通过相互协同促进，在创造价值的过程中发挥各自优势，实现了对立统一的平衡（Fang, 2011）；从而使得创业拼凑的正向影响得到增强。高不确定环境对新创企业的信息处理能力提出了更高的要求，而效果推理和因果推理的组合使用能从不同视角为企业搜集和处理信息，通过将这些不同类型的信息和视角整合到决策过程中，有利于企业避免危险的极端情况并作出更加平衡的决策。可见，在高不确定环境下，效果推理和因果推理的组合使用反映了两者的互补效应，可以避免过度依赖单一逻辑所带来的能力缺陷，有助于新创企业增强资源的利用效率，对创业拼凑具有促进作用。

对于两种创业决策逻辑对新创企业绩效的负向作用，此时效果推理和因果推理之间会更多呈现出"相克"的替代关系。阴阳观的动态性指出矛盾双方都是依据不同条件而发生相应变化的（Fang，2011），当创业者感知到较强烈的环境不确定性时，组合使用效果推理和因果推理所带来的优势会减弱，弊端也会增强，甚至表现出弊大于利。两种决策逻辑是在不同思维的基础上制定战略，可能导致矛盾的结果。效果推理强调以企业现有的资源作为决策依据并选择可以实现的目标，通过试错和迭代学习来实现对未来的控制；然而，因果推理是以先前制定的目标为决策依据来选择最优的资源，强调通过信息分析和预测以追求预期回报最大化（Perry et al.，2012；Fisher，2012）。同时，使用效果推理和因果推理的新创企业面临两套不同甚至是冲突的战略，将导致企业陷入进退两难的境地，从而在决策的选择上将耗费更多的时间和精力，不利于企业对现有资源进行创造性使用。根据阴阳观的动态性原理，在低不确定性环境下效果推理和因果推理之间存在的冲突将加剧升级，新创企业又受到资源和能力的束缚，若在进行创业拼凑时兼顾两种不同逻辑将会是一种沉重的负担。而且，处于低不确定性环境下的新创企业若组合使用效果推理和因果推理，将会为组织有限资源而展开竞争并且难以调和。根据阴阳观的辩证性和动态性原理，效果推理和因果推理两者既统一又对立，矛盾双方在一定条件下会向对方转化（Fang，2011）。在低不确定性环境下两者的出发点、核心逻辑和决策依据等方面的对立性占据了主导地位，导致在企业内部会出现资源张力与矛盾，容易造成资源分配失衡。而新创企业往往面临资源匮乏的窘境，在人才、资金和经验等方面受到约束，导致无法有效应对不同决策逻辑之间存在的资源竞争的状况，这势必会影响创业拼凑的效率。此外，新创企业注意力和时间是有限的，如果在低不确定性环境下组合使用效果推理和因果推理将会分散注意力（Ocasio，2011），这可能导致效率低下和成本增加，不利于新创企业进行创业拼凑。由于未来是可以预测的，遵循因果推理制定的目标和计划在低不确定的环境中可以被定义得更清楚（Yu et al.，2018），新创企业只需要按照固定的计划进行资源配置，没有必要将时间及注意力分配到协调效果推理和因果推理间的矛盾上。

因此，环境不确定性感知是双元创业决策逻辑与新创企业绩效之间关系的重要调节变量。基于此，我们提出以下假设。

H6：环境不确定性感知增强两种逻辑的交互效应对新创企业绩效的倒"U"型影响。一方面，环境不确定性感知增强两种逻辑交互效应与新创企业绩效倒"U"型关系中的正向作用；另一方面，环境不确定性感知也增强两种逻辑交互效应与新创企业绩效倒"U"型关系中的负向作用。

3.3 假设汇总与概念模型

基于相关研究及上述理论分析，本书共提出六个假设，包括效果推理逻辑、因果推理逻辑与新创企业绩效分别具有倒"U"型和"U"型关系，以及两种创业决策逻辑的交互作用对新创企业绩效的倒"U"型影响；创业者的环境不确定性感知分别对效果推理、因果推理、两者交互作用与新创企业绩效之间关系的调节作用，见表3-1。

本书从四个方面分别测量效果推理逻辑与因果推理逻辑，这四个方面分别是驱动力、益损观、联盟观和权变观，在阴阳思维、组织双元等理论视角下，探索效果推理、因果推理决以及两者的交互与新创企业绩效之间的关系。

表 3-1　本书研究假设总结

假设编号	假设内容
H1	效果推理逻辑对新创企业绩效具有倒"U"型影响：当效果推理逻辑在某水平时，其对新创企业绩效具有正向影响；当其超过某特定水平时，其对新创企业绩效的正向影响就会减弱，并产生负向影响
H2	因果推理逻辑对新创企业绩效具有"U"型影响：当因果推理逻辑在某水平时，其对新创企业绩效具有负向影响；当因果推理逻辑超过某特定水平时，其对新创企业绩效的负向影响就会减弱，并产生正向影响
H3	效果推理逻辑与因果推理逻辑的交互作用对新创企业绩效有倒"U"型影响：当两者水平都较高或较低时，新创企业绩效较低；只有两者适度，新创企业绩效才能达到最佳
H4	环境不确定性感知增强效果推理对新创企业绩效的倒"U"型影响：一方面，环境不确定性感知增强效果推理与新创企业绩效倒"U"型关系中效果推理对新创企业绩效的促进作用；另一方面，环境不确定性感知也增强效果推理与新创企业绩效倒"U"型关系中效果推理对新创企业绩效的负向作用
H5	环境不确定性感知增强因果推理对新创企业绩效的"U"型影响：一方面环境不确定性感知增强因果推理与新创企业绩效"U"型关系中因果推理对新创企业绩效的负向作用；另一方面，环境不确定性感知也增强因果推理与新创企业绩效"U"型关系中因果推理对新创企业绩效的正向作用
H6	环境不确定性感知增强两种逻辑的交互效应对新创企业绩效的倒"U"型影响：一方面，环境不确定性感知增强两种逻辑交互效应与新创企业绩效倒"U"型关系中的正向作用；另一方面，环境不确定性感知也增强两种逻辑交互效应与新创企业绩效倒"U"型关系中的负向作用

根据上述理论分析，本书认为效果推理、因果推理以及这两种创业决策逻辑的交互与新创企业绩效之间均为非线性关系，具体来说，效果推理与新创企业绩效之间呈现倒"U"型关系，因果推理与新创企业绩效之间呈"U"型关系，两种逻辑的交互与新创企业绩效之间呈倒"U"型关系。并且引入主观视角下的环境不确定性感知变量，在效果推理、因果推理以及两者交互与新创企业绩效之间均起到正向的调节作用。

基于以上分析，本书初步构建了双元创业决策逻辑对新创企业绩效影响机制的概念模型，如图 3-1 所示，主要目的在于研究创业决策过程中效果推理与因果推理与新创企业绩效的非线性关系，以及环境不确定性感知在这一关系机制中的调节作用。

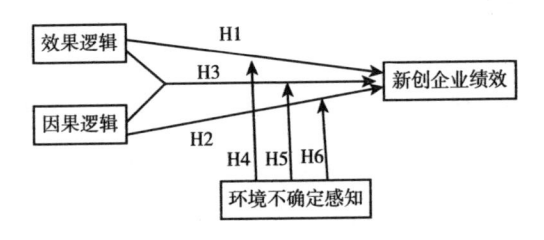

图 3-1 双元创业决策逻辑与新创企业绩效关系的概念模型

3.4 研究设计

本书在对相关文献进行回顾和梳理的基础上，提出了相应的理论假设。所谓理论假设，就是基于理论视角下对某种行为、现象或事件给出的具有科学性、合理性的观点，并尝试用科学严谨方法进行论证或检验的过程（Sterman，2000）。也就是说，理论假设代表了研究者的一种设想，在这一设想中研究者对研究变量之间的关系以及可能的研究结果进行预期，然后通过相关数据或事实的收集与分析来验证假设是否成立。在这一过程中，最为关键的步骤是如何将变量概念化并转化为可操作的测量量表。通常在实证研究中，问卷法与访谈法是最为常用的数据调研方法。但是，问卷调研过程中很有可能存在一些问题，如问卷设计不科学、不严谨等，因此如何设计科学合理的问卷也成为实证研究的关键环节。因此，本书拟采用典型案例访谈以及问卷法相结合的方法来采集数据,并且明确问卷设计的思路,对设计问卷过程中涉及的变量指标及其测度过程、问卷的发放、收集以及统计分析过程提前进行尽可能科学严谨的方案设计。

3.4.1 问卷设计

本书的主要目的在于厘清双元创业决策逻辑对新创企业绩效的非线性影响机理,以及在环境不确定性感知作用下创业决策逻辑与新创企业绩效关系的变化机制。所以,调研的主要内容包括效果推理、因果推理、两者的交互分别对新创企业绩效的影响,以及环境不确定性感知对创业决策逻辑与新创企业绩效之间关系的调节作用过程。

因此,本书调查问卷的主要内容包括:被试者及其所在企业的基本信息,包括被试者性别、受教育程度、成立年限、企业规模等方面,主要分析样本的基本情况,结合相关研究文献与本书内容及目的,为实证分析提供潜在的控制变量;创业决策逻辑,包括效果推理和因果推理的基本信息,主要用以分析创业者关于两种创业决策逻辑的基本状况,为本书的实证研究提供自变量数据资料;环境不确定性感知的基本信息,用以分析主观视角下环境不确定性的基本状况;新创企业绩效的基本信息,主要分析创业者所正在创办或曾经创办企业的基本情况。

设计出符合研究客观要求的问卷是问卷设计的基本要求,然后进一步通过科学设计的问卷获取全面有效的信息资料与数据。为提高问卷设计和数据收集的有效性与可信性,本书在非诱导性、明确性、适当性、逻辑性等原则要求下按照以下步骤进行问卷设计。

(1) 设计测度题项。提前阅读大量有关效果推理、因果推理、创业决策、环境不确定性感知、新创企业绩效等相关文献，并充分借鉴经典文献中的理论构建以及实证设计思路，以此为基础，并根据本书的内容和主题，形成相关测度题项初稿。

（2）与相关团队成员以及专家讨论测量题项并进行修改完善。参与讨论的团队成员以及相关专家均是长期从事与创新创业研究相关领域的教授、副教授和博士生等。探讨的主要内容有：理论模型中变量之间的关系设定，同相关专家与团队成员交流、探讨，并征询意见。在反复探讨征询的基础上，再对问卷反复进行修改以及完善。

（3）通过预测试问卷，完成调查的问卷进一步修改与完善。将25份问卷通过微信或电子邮件方式发给已经提前联络过的创业者们，进行问卷的预试，根据这些预试问卷的回收情况以及被调研者对问卷的意见和建议，对调查问卷测量题项的语言表述、排列顺序等进行完善，并形成最终的调查问卷。

3.4.2 变量测量

本书采用李克特五点量表对概念模型中的变量进行测量。数字1~5分别对应"非常不赞成""不赞成""不确定""赞成""非常赞成"五种情况。基于相关文献，本书分别对效果推理、因果推理、新创企业绩效、环境不确定性感知等变量进行了测度。

1. 效果推理逻辑

效果推理逻辑（effectuation）理论自提出后便得到了诸多学者的关注与认可，获得了较丰富的研究成果。对于中国情境下的创业问题，相关学者多借鉴或采用布雷特尔等（2012）和钱德勒等（2011）开发的量表进行实证研究，且效果良好。本书也借鉴布雷特尔等以及钱德勒等的研究，分为以下四个维度，即试验、风险可控、柔性与先前承诺，共用13个题项来测量创业者的效果推理逻辑，见表3-2。

表3-2　　　　　　　　　　效果推理测度

变量	题项	内容	资料来源
试验	X11_1	我们现在提供的产品/服务与最初想象的大不相同	布雷特等（2012）、钱德勒等（2011）
	X11_2	我们会尝试不同的方法，直到找到行之有效的商业模式	
	X11_3	我们采用试验方法来尝试各种想法	
可承受损失	X12_1	我们很小心，不会投入超出我们承受能力的资源	
	X12_2	我们很小心，不要冒太大的风险，如果事情不顺利，那么公司会在财务上陷入麻烦	
	X12_3	我们谨慎地投入资源，并且投入的资源不会超过企业能承受的损失范围	
柔性	X13_1	我们允许业务开展随着新机遇的出现而进行适应性调整	
	X13_2	我们会经常根据手头现有的资源情况调整接下来的工作	
	X13_3	我们非常灵活地进行机会掌握与获取	
	X13_4	我们避免采取可能会限制我们灵活性和适应性的行动	
先前承诺	X14_1	我们积极与客户、供应商等建立合作伙伴关系，甚至提前获得他们对项目的认同	
	X14_2	我们尽可能提前获得相关客户或供应商的预先承诺	
	X14_3	希望通过与客户、供应商等建立合作伙伴关系，以降低不确定性	

2. 因果推理逻辑

对于因果推理的维度测量研究，钱德勒等（2011）、布雷特和摩尔等（2012）的相关研究已经被大量后续研究所采用（McKelvie,

2013)。因此，本书在借鉴以上学者的相关研究为基础上，从目标导向、竞争分析、避免意外、预期回报四个维度出发，采用李克特五级量表法通过 14 个题项对因果推理逻辑进行测量。以上因果推理测量的四个维度与效果推理测量的四个维度分别从驱动力、权益观、权变观、联盟观四个方面一一对应，见表 3-3。

表 3-3　　　　　　　　　　因果推理测度

变量	题项	内容	资料来源
目标导向	X21_1	从长远角度分析未来可能的机会，并选择能够提供最佳回报的项目	布雷特等（2012）、钱德勒等（2011）
	X21_2	根据事先设定的目标决定具体的创业活动，并确定所需的手段或资源	
	X21_3	我们针对经营战略进行详细规划	
	X21_4	有计划有目的地组织、实施、控制运营过程，以确保达到目标	
竞争分析	X12_1	我们研究并选择目标市场以及相应的顾客，并对竞争对手进行分析	
	X12_2	我们会通过深入的市场分析及调研来识别各种风险	
	X12_3	我们会在深入系统的市场调研之后再作出决策	
	X12_4	我们很重视通过市场调研和竞争分析对早期风险进行预测和识别	
避免意外	X13_1	强调未来的可预测性，对不确定性持消极态度并尽量规避	
	X13_2	企业经营过程中就算有新情况，也不会影响我们既定目标的达成	
	X13_3	我们非常重视没有延迟地完成经营目标	
预期回报	X14_1	考虑预期回报对创业项目的选择至关重要	
	X14_2	预期回报是创业活动中进行决策的决定性因素	
	X14_3	我们通过衡量预期回报率来决定资金支出	

3. 环境不确定性感知

管理学研究中，对环境不确定性的理解有不同的理论视角。本书拟从主观感知视角出发，并借鉴环境不确定性感知与创业决策逻辑关系研究（Mauer et al., 2017），同时参考现有的对环境不确定感知研究的文献（Miller & Friesen, 1983; Bordia et al., 2004; Gerloff, 1991）中有关研究量表的基础上修订量表，共9个题项，见表3-4。

表3-4　　　　　　　　环境不确定性感知测度

变量	编号	测度题项	资料来源
环境动态性感知	W1	当前顾客需求和偏好变化难以预测	博尔迪亚等（Bordia et al., 2004）、格洛夫（Gerloff, 1991）、米勒等（Mille et al., 1983）
	W2	本行业产品和服务更新很快	
	W3	本行业技术进步很快	
	W4	顾客要求越来越高	
	W5	公司发展所需的资源越来越难获取	
环境敌对性感知	W6	竞争对手的行为难以预测	
	W7	外部竞争程度越来越激烈	
	W8	供应商力量越来越大	
	W9	竞争者行为越来越多样化	

4. 新创企业绩效

对新创企业绩效的测量是在围绕与本书主题相关的现有文献进行充分借鉴的基础上（Cavazos et al., 2012; Zahra et al., 2017; Hern Ndez-Carri N et al., 2017; Zahra, 1996），同时结合本书的内容以及研究对象，对其进行适度修正，从短期财务性绩效和长期非财务性绩效两个维度进行测量，每个维度各3个题项，共6个题项，形成本书的新创企业绩效的测量题项，见表3-5。

表 3-5 新创企业绩效测度

变量	编号	测度题项	资料来源
新创企业绩效	Y1	与主要竞争对手相比，本公司的净资产收益率水平较高	卡瓦佐斯等（Cavazos et al.，2012）、扎赫拉等（Zahaa et al.，2002）、埃尔南德斯等（Hernndez et al.，2017）、扎赫拉（1996）
	Y2	与主要竞争对手相比，本公司的市场份额增长速度较快	
	Y3	与主要竞争对手相比，本公司的销售额增长速度较快	
	Y4	与主要竞争对手相比，本公司的新产品（服务）发展较好	
	Y5	与主要竞争对手相比，本公司成功地拓展了业务范围	
	Y6	与主要竞争对手相比，本公司员工数量增长速度较快	

3.4.3 数据分析工具与方法

在设计规范问卷并实施样本收集后，为了能够更准确地反映测量对象的特征，需要进行样本数据的检验与分析，这是验证研究理论模型的重要前提。由于效果推理、因果推理、环境不确定性感知等变量的数据都属于不易直观观测的潜变量，具有较强的主观性，因此，本书主要采用样本描述性统计分析法、相关分析法、信度分析法、效度分析法、回归分析法以及调节效应检验方法等，对研究数据进行检验，在此基础上检验研究理论模型的有效性。

1. 描述性统计分析

描述性统计分析一般反映对被调研对象的所有变量的有关数据

进行的统计性描述，主要包括被试所在组织的成立年限、性质、规模、类型以及被试者的性别、年龄、学历、收入等基本情况，旨在把握数据的基本分布特征，作为进一步深入研究变量之间关系的基础。

2. 信度与效度分析

信度（reliability）与效度（validity）是评价调研题项或问卷质量高低的重要标准。其中，信度表征的是调研结果的一致性与稳定性，一般以内部一致性来表示测量信度的高低；效度表征的是测量的有效性，是指测量变量是否能测到其所要测量的概念的程度。效度越高，表示越能够测量到所需要的测量概念（Faraj & Yan, 2009）。一般来说，变量的效度包括表面效度、校标关联效度、内容效度和构念效度等。本书所采用的是最常用的构念效度和内容效度。

构念效度由聚合效度和区分效度组成。其中，聚合效度又被称作收敛效度，具体是指不同的测量方法是否可以用来测量同一个潜变量，而区分效度是指不同潜变量之间是否存在显著差异。在验证性因素分析（CFA）中，通常根据观察变量和潜在变量之间的假设关系是否与数据一致来判断聚合效度，通过检测每个潜在变量之间的相关系数是否显著低于 1 来判断区分效度。

信度主要是指测量结果的可靠性、一致性和稳定性，即测验结果是否反映了被试者稳定一致的真实特征。随机误差对信度大小有显著影响，随机误差越大，信度越低。在实证研究中，大多数学者使用克朗巴哈系数（Cronbach's α 系数）表征测量的信度。克朗巴哈系数越大越好。一般而言，信度系数大于 0.7，表明样本信度较好；信度系数介于 0.5~0.7，表明信度可以接受；若信度水平在 0.35 以下，则表明数据是不适合使用的。

3. 调节效应检验方法

温忠麟等（2005）的研究指出，考虑变量 Y 与变量 X 之间的关系受到变量 M 的影响，则 M 即为调节变量。如图 3-2 所示，调节变量可以是定性的，也可以是定量的，调节变量的不同水平会影响因变量和自变量关系的正负及强弱。

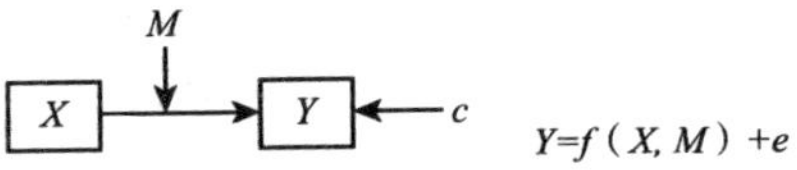

$$X \xrightarrow{M} Y \leftarrow c \qquad Y=f(X,M)+e$$

图 3-2　调节变量

在做调节效应时，一般需要把自变量和调节变量进行中心化处理。最基本的常用的调节作用模型，即假设 Y 与 X 有以下关系：

$$Y = aX + bM + cXM + e$$

也可表示为：$Y = bM + (a + cM)X + e$。

对于固定的 M，这是 Y 对 X 的直线回归。Y 与 X 的关系通过回归系数 $a + cM$ 刻画，系数中的 c 衡量了调节效应的大小及方向。

调节效应的检验取决于自变量与调节变量的变量类型：当自变量和调节变量是分类变量时，可采用多因素方差分析进行检验；当自变量和调节变量是连续变量时，则选择用带有乘积项的回归模型做层次回归分析。层次回归分析步骤如下：①作 Y 对 X 和 M 的回归，得到测定系数 R_1^2。②作 Y 对 X、M 和 XM 的回归，得到测定系数 R_2^2，若 R_2^2 显著高于 R_1^2，则调节效应显著；或者，可对 XM 的偏回归系数检验其显著性，若偏回归系数显著，则调节效应也显著（温忠麟等，2005）。

调节效应分析是社科研究的重要议题，是理论发展精确化的重要途径。目前，方法学界的研究也主要集中在潜变量调节效应的分析上，对潜变量的调节效应分析的方法大致分为两类，一类是乘积指标法，另一类是分布分析法。其中，分布分析法包含两种主要方法：潜调节结构方程法；准极大似然估计法。准极大似然估计法需要专门的分析软件，无法使用 Mplus 实现。因此，目前对于潜变量的调节效应使用较多的主要是乘积指标法和潜调节结构方程法。

乘积指标法保留了交互效应回归检验方法的特点，需要构建交互项，但是在潜变量模型中构建交互项存在不同的生成交互潜变量指标的策略，如所有可能的乘积指标、配对乘积指标、单一乘积指标等。在这些诸多策略中，相关研究者发现，在综合考虑模型简洁性、拟合指数、估计偏差以及精确度之后，配对乘积指标相对较好。同时，该方法要求乘积指标呈正态分布，所以该方法相对分析过程烦琐复杂，不易被一般应用研究者掌握。

潜调节结构方程法解决了乘积指标法面临的两个问题：乘积指标生成；乘积项非正态分布。潜调节结构方程法将非正态分布视作条件正态分布的混合（mixture of conditionally normal distributions），为解决不同乘积项的参数估计不一致问题，一般不需要人为构造指标。潜调节结构方程法不需要交互效应项正态分布的假设，所以也解决了乘积项非正态产生的估计偏差问题（温忠麟和吴艳，2010）。

潜调节结构方程法需要使用原始数据的全部信息，所以在分析时需要使用原始数据。参数检验使用沃德（Wald）检验，嵌套模型的比较使用似然比检验，但就通常的研究样本量，似然比检验优于沃德检验（Kelava et al., 2011）。潜调节结构方程法（LMS）是用两个潜变量相乘表示交互项，但该方法不提供拟合参数，因此，一般使用信息指数 AIC 和 BIC 进行模型比较。

4. 相关性分析

管理学中一般用 Pearson 相关系数来分析变量之间的相互依存关系，它是描述两个连续变量间线性关系密切程度和相关方向的统计指标，用"r"表示，$|r|<1$ 或 $r>0$ 表示正相关，$r<0$ 表示负相关，$r=0$ 表示非线性相关。$|r|$ 越小，说明两变量之间的密切程度越低。Pearson 相关系数不适合描述两变量之间的非线性关系。若两个变量之间是非完全独立的，则需要进行共线性诊断，以判断变量之间是否存在共线性问题。

3.5 本章小结

本章构建了效果推理、因果推理以及两者交互对新创企业绩效作用机理的概念模型，提出了实证研究的设计方法。具体而言，首先，本章针对目前已有研究文献的不足，分别从效果推理、因果推理的四个维度出发，基于阴阳观理论的视角，建立了效果推理、因果推理及其两者交互与新创企业绩效关系的理论模型，并提出了相应假设。其次，对本书的实证分析所采用的研究方法从问卷设计、变量测度、数据收集与分析方法等方面进行了阐述。例如，在问卷调查前，采用科学合理的方法设计调研问卷；采取多种方式对问卷的发放和回收进行过程管理，以保证所收集数据的有效性；在变量测量中，重点参考权威经典的成熟量表，并明确相关变量的测量方法，进而对描述统计、信效度的检测方法和过程进行了说明。

在第 4 章将通过科学方法和过程收集的样本数据，借助 SPSS 和 MPLUS 等统计分析软件，对理论模型进行进一步实证分析。

第 4 章　实证研究与结果讨论

本章对双元创业决策逻辑对新创企业绩效的非线性影响关系进行了理论分析，提出了相应的理论假设，构建了概念模型，并且简要介绍了研究设计过程和研究方法，修正了初始测量问卷，并形成正式调查问卷；本章使用修正后的正式测量问卷进行样本调研及数据收集，并对其中的有效问卷进行定量分析，采用第 5 章中介绍的相关分析、回归分析等研究方法，来验证理论假设和概念模型是否合理。

4.1　数据收集

4.1.1　样本选择

本书依托国家软科学研究基金项目"大学生在创办小微企业中的机会选择与政策转型研究"（2014GXS4B054）、江苏省研究生科研创新计划"动态能力视角下创业领域组织双元性研究"（KYZZ15_0098）。本书以创业者及其创办的新企业（即新创企业）为调研对象，根据麦克杜格尔和罗宾逊（McDougall & Robinson，1990）及萨拉

（Zahra，1993）的研究以及全球创业观察（global entrepreneurship monitor，GEM）的界定，将成立时间在8年以内的企业定义为新创企业。根据对新创企业年限的界定，本书大多数问卷采取定向发放的方式，具体问卷发放过程及回收过程见4.1.2小节。

4.1.2 问卷发放与回收

本次调研在相关课题的支持下，从问卷的预调研、问卷的修正到正式调研完成，共历时近6个月。本书主要采用线上为主、线下为辅的方式收集问卷，其中线上方式主要利用微信和电子邮件方式进行：微信方式就是利用问卷星网站的手机App客户端功能，将问卷星中的量表转发至手机微信，通过微信发放问卷，其余的问卷通过电子邮件方式发放；线下方式主要是邮寄和现场发放。邮寄和现场发放问卷的回收率相对较低，主要原因是数字化背景下个人移动智能手机的广泛普及，人们更倾向于选择便捷、环保的线上方式来反馈问卷。回收上来的问卷我们按照以下标准进行筛选：问卷被试者曾经或现在的身份是创业者；被试者曾经或现在经营的企业年限不超过8年；问卷填写必须规范、完整。本次调研总共发放问卷数量为308份，有效回收的问卷数量为203份，有效问卷回收率为：65.9%。

问卷调查收集分为三个阶段：第一阶段，问卷设计。根据第3章构建的理论模型设计问卷，对相关量表进行双向翻译。将源于英文文献的题项翻译成中文，邀请两位精通两种语言并在管理学领域具有丰富研究经验的研究人员对中文题项进行英文回译，对有明显差异的题项进行修改。然后邀请三位新创企业创业者和两位相关研究领域的教授对问卷进行研讨，请他们就问卷中可能存在的问题提出意见，并依据意见对问卷初稿进行修改，保证问题的合理性、规范性和可理解性，进而形成问卷初稿。第二阶段，进行预调研。邀请南京航空航天大学 25 名 MBA 学员填写问卷，并根据问卷内容进行访谈，将反馈问题进行汇总并加以分析，进一步对问卷进行完善，并形成最终的调查问卷。预调研问卷不算在最终样本内。第三阶段，发放问卷。通过微信、电子邮件和纸质问卷现场发放三种方式正式发放调查问卷，在发放问卷过程中，为减少答卷人的疑虑以及不同答卷人填写的测量误差，在问卷首段明确本次调查仅用于科学研究，与商业机密无关，更不会泄露。同时，尽量减少题项的主观性和逻辑诱导性，减少答卷人答题时有选择性地答题而遗漏相关题项。

4.2 描述性统计及共同方法偏差检验

4.2.1 样本的描述性统计

本书通过多种途径进行调研，共发放问卷 308 份，回收问卷 245 份，剔除漏选、结果明显有误等问题问卷，共收到有效问卷 203 份，有效问卷回收率为 65.9%，具体问卷参见附录 1。本书主要调研范围包括山东、江苏、上海、北京、安徽等，在所调研的企业中，涉及制造业、金融、文化娱乐、批发零售等多个行业样本中，创业团队成员的人口统计学分布见表 4-1。从表 4-1 中可以看出，创业者中，男性多于女性，女性所占比例低于 30%，两者的差别比较大。创业者的年龄主要分布在 30~40 岁，这个年龄段的创业者几乎占了总数的一半以上。创业者的受教育程度主要集中在本科教育，所占比例超过了50%，大专及以下的占比为 19.7%，说明绝大多数创业者都受到过良好的高等教育。超过 70% 的创业者都属于新手创业者，没有创业经验，接近1/3的创业者是二次创业或多次创业。样本企业以200人以下规模的新创企业为主，200人以上规模的创业企业占比较少，为15.3%，20人以下、21~100人、101~200人这三种规模新创企业的占比分别为38.9%、27.6%、18.2%。

表4-1　　　　　　　　样本的人口统计学分布

统计内容		测量代码	人数（$n=203$）	百分比（%）
性别	男	1	155	76.4
	女	2	48	23.6
年龄	30岁及以下	1	56	27.6
	30~40岁（不含30岁）	2	112	55.2
	40~50岁（不含40岁）	3	29	14.3
	大于50岁（不含50岁）	4	6	2.9
教育程度	大专及以下	1	40	19.7
	本科	2	110	54.2
	硕士	3	49	24.1
	博士	4	4	2.0
创业经历	有	1	48	23.6
	无	2	155	76.4
企业规模	20人以下	1	79	38.9
	21~100人	2	56	27.6
	101~200人	3	37	18.2
	200人以上	4	31	15.3

对样本数据中各题目进行描述性统计，见表4-2。结果显示，各题目作答结果均为1~5，且均值集中在3~3.5。另外，各题目偏度系数与峰度系数绝对值的绝对值均低于2，各题目选择结果满足正态或近似正态分布的条件。

表4-2　　　　　　　　　　　样本的描述性统计

测量题项	样本量 统计	均值 统计	标准差 统计	偏度 统计	偏度 标准差	峰度 统计	峰度 标准差
X11_1	203	3.12	1.08	-0.096	0.171	-0.590	0.340
X11_2	203	3.24	1.09	-0.074	0.171	-0.626	0.340
X11_3	203	3.32	1.06	-0.283	0.171	-0.384	0.340
X12_1	203	3.31	1.06	-0.196	0.171	-0.520	0.340
X12_2	203	3.29	0.96	0.013	0.171	-0.508	0.340
X12_3	203	3.33	0.92	-0.236	0.171	-0.118	0.340
X13_1	203	3.34	1.03	-0.141	0.171	-0.544	0.340
X13_2	203	3.25	1.03	-0.234	0.171	-0.504	0.340
X13_3	203	3.23	1.03	-0.115	0.171	-0.505	0.340
X13_4	203	3.36	0.97	-0.232	0.171	-0.625	0.340
X14_1	203	3.33	0.98	-0.197	0.171	-0.194	0.340
X14_2	203	3.37	1.06	-0.256	0.171	-0.630	0.340
X14_3	203	3.25	1.06	-0.011	0.171	-0.657	0.340
X21_1	203	3.02	1.38	0.079	0.171	-1.187	0.340
X21_2	203	3.10	1.29	0.016	0.171	-1.106	0.340
X21_3	203	3.05	1.33	0.075	0.171	-1.173	0.340
X21_4	203	3.01	1.32	0.100	0.171	-1.170	0.340
X22_1	203	3.41	1.20	-0.529	0.171	-0.455	0.340
X22_2	203	3.43	1.19	-0.612	0.171	-0.432	0.340
X22_3	203	3.40	1.12	-0.467	0.171	-0.410	0.340
X22_4	203	3.43	1.13	-0.420	0.171	-0.354	0.340
X23_1	203	3.20	1.16	-0.095	0.171	-0.700	0.340
X23_2	203	3.21	1.17	-0.120	0.171	-0.741	0.340
X23_3	203	3.22	1.19	-0.230	0.171	-0.689	0.340
X24_1	203	3.45	1.24	-0.443	0.171	-0.705	0.340

续表

测量题项	样本量	均值	标准差	偏度		峰度	
	统计	统计	统计	统计	标准差	统计	标准差
X24_2	203	3.38	1.27	-0.261	0.171	-1.109	0.340
X24_3	203	3.37	1.25	-0.387	0.171	-0.836	0.340
Y1_1	203	3.13	1.18	-0.044	0.171	-0.929	0.340
Y1_2	203	3.09	1.29	0.085	0.171	-1.108	0.340
Y1_3	203	3.13	1.18	0.094	0.171	-0.945	0.340
Y2_1	203	3.12	1.13	-0.121	0.171	-0.850	0.340
Y2_2	203	3.11	1.16	-0.078	0.171	-0.814	0.340
Y2_3	203	3.00	1.14	-0.131	0.171	-0.952	0.340
W1_1	203	3.29	1.16	-0.404	0.171	-0.707	0.340
W1_2	203	3.36	1.20	-0.510	0.171	-0.731	0.340
W1_3	203	3.53	1.13	-0.681	0.171	-0.192	0.340
W1_4	203	3.27	1.10	-0.376	0.171	-0.499	0.340
W1_5	203	3.43	1.15	-0.533	0.171	-0.460	0.340
W2_1	203	3.42	1.26	-0.293	0.171	-1.027	0.340
W2_2	203	3.46	1.20	-0.370	0.171	-0.764	0.340
W2_3	203	3.42	1.19	-0.327	0.171	-0.787	0.340
W2_4	203	3.41	1.21	-0.318	0.171	-0.830	0.340

4.2.2 共同方法偏差检验

由于本次收集的数据全部来源于问卷调查，为了避免由于共同调查方法所导致的系统误差影响，对数据结果中共同方法偏差进行了检验。Harman 单因素检验结果见表 4-3，主成分分析量表第一因子解释率仅为 27.031%，远低于 40% 的标准要求，因此，可以认为本次问卷调查结果不存在严重的共同方法偏差。

表 4-3　　总方差解释

成分	初始特征值			提取载荷平方和		
	总计	方差百分比（%）	累积百分比（%）	总计	方差百分比（%）	累积百分比（%）
1	11.353	27.031	27.031	8.832	21.028	21.028
2	6.348	15.114	42.145	7.157	17.040	38.068
3	5.642	13.433	55.579	6.175	14.702	52.770
4	4.301	10.242	65.820	4.821	11.478	64.248
5	1.361	3.239	69.060	1.928	4.590	68.838
6	1.048	2.495	71.555	1.141	2.717	71.555

4.3　信效度检验

4.3.1　信度分析

信度分析是指对数据可靠程度进行辨析，只有经检验符合统计要求的问卷才能确保其测量的数据是可信的，其数据才可用于分析变量之间的关系以及检验理论假设。本书使用统计软件 SPSS20.0 对数据的信度进行检验，采用 α 系数来代表量表内的一致性信度，是目前科学研究中最常使用的方式。检验公式为：

$$a = \frac{k}{k-1}\left(1 - \frac{\sum \sigma_i^2}{\sigma^2}\right)$$

式中，k 表示问卷中的题目数；σ_i^2 为第 i 题的调查结果方差，σ^2 为全部调查结果的方差。α 信度系数值越高代表各个测量题项的内部一致性越好,量表内部信度就越佳。一般来讲,最好不低于0.8。具体来说,高于0.9,说明测量数据很稳定;介于0.7~0.8也属于可以接受的范围;低于0.6说明测量数据结果不稳定,问卷可信性不足,这时需要考虑修改甚至重新编制量表。

本书的信度系数见表4-4。由表4-4中数据可知,采用上述方法计算的问卷维度信度及变量信度均高于0.8,结果稳定性较好,具有一定的可信度。

表4-4　　　　　　　　　　信度检验

变量		编号	题项	维度信度	变量信度
效果推理逻辑	实验	X11_1	我们现在提供的产品/服务与我们最初想象的大不相同	0.884	0.929
		X11_2	我们会采取实验的方式,尝试不同的方法,直到找到一种行之有效的商业模式		
		X11_3	我们采用试验的方法来测试各种产品		
	可承受损失	X12_1	我们很小心,不会投入超出我们承受能力的资源	0.843	
		X12_2	我们很小心,不要冒太大的风险,如果事情不顺利,那么公司会在财务上陷入麻烦		
		X12_3	我们谨慎地投入资源,并且投入的资源不会超过企业能承受的损失范围		
	柔性	X13_1	我们允许业务开展随着新机遇的出现而进行适应性调整	0.829	
		X13_2	我们会经常根据手头现有的资源情况调整接下来的工作		
		X13_3	我们非常灵活地进行机会掌握与获取		
		X13_4	我们避免采取可能会限制我们灵活性和适应性的行动		

续表

变量		编号	题项	维度信度	变量信度
效果推理逻辑	先前承诺	X14_1	我们积极与客户、供应商等建立合作伙伴关系,以降低不确定性	0.837	0.929
		X14_2	我们尽可能提前获得客户或供应商对项目的认同,甚至获得他们预先承诺的各种资源		
		X14_3	我们希望通过与客户、供应商等建立合作伙伴关系,以降低不确定性		
因果推理逻辑	目标导向	X21_1	我们从长远角度分析未来可能的机会,并选择能够提供最佳回报的项目	0.944	0.962
		X21_2	我们制定的公司发展战略会尽可能充分地利用资源和能力		
		X21_3	我们针对经营战略进行详细规划		
		X21_4	我们有计划地组织、实施、控制运营过程,以确保我们达到目标		
	竞争分析	X22_1	我们研究并选择目标市场以及相应的顾客,并对竞争对手进行分析	0.907	
		X22_2	我们拥有清晰、完整、一致的愿景		
		X22_3	我们针对生产和销售工作有着明确的设计与规划		
		X22_4	我们现在提供的产品/服务与最初的概念基本相同		
	避免意外	X23_1	强调未来的可预测性,对不确定性持消极态度并尽量规避	0.934	
		X23_2	企业经营过程中就算有新情况,也不会影响我们既定目标的达成		
		X23_3	我们非常重视没有延迟地完成经营目标		
	预期回报	X24_1	考虑预期回报对创业项目的选择至关重要	0.938	
		X24_2	预期回报是创业活动中进行决策的决定性因素		
		X24_3	我们通过衡量预期回报率来决定资金支出		

续表

变量		编号	题项	维度信度	变量信度
新创企业绩效	财务绩效	Y1_1	与主要竞争对手相比,本公司的净资产收益率水平较高	0.910	0.945
		Y1_2	与主要竞争对手相比,本公司的市场份额增长速度较快		
		Y1_3	与主要竞争对手相比,本公司的销售额增长速度较快		
	非财务绩效	Y2_1	与主要竞争对手相比,本公司的新产品(服务)发展较好	0.921	
		Y2_2	与主要竞争对手相比,本公司成功地拓展了业务范围		
		Y2_3	与主要竞争对手相比,本公司员工数量增长速度较快		
环境不确定性感知	环境动态性	W1_1	当前顾客需求和偏好变化难以预测	0.908	0.939
		W1_2	本行业产品和服务更新很快		
		W1_3	本行业技术进步很快		
		W1_4	顾客要求越来越高		
		W1_5	公司发展所需的资源越来越难获取		
	环境敌对性	W2_1	竞争对手的行为难以预测	0.910	
		W2_2	外部竞争程度越来越激烈		
		W2_3	供应商力量越来越大		
		W2_4	竞争者行为越来越多样化		

4.3.2 效度分析

效度反映了量表所测量变量的真实含义被题项测量结果反映的程度。内容效度和构念效度是在实证研究中广泛使用的两种效度。

其中，内容效度是指量表题项是否能够代表所期望获得的主题、数据或内容。本书所采用或开发的问卷是在借鉴国内外已有文献的基础上，结合创业者及其创业行为特点经修正而来的。在设计问卷过程中也征询了多位专家、教授以及部分博士生的建议和意见，根据他们的意见，对问卷进行了补充和完善，保证了本书使用的问卷满足内容效度的要求。相对于内容效度，构念效度是更为重要的效度指标。

采用验证性因素分析方法对模型效度进行检验，其中模型拟合指标计算结果显示，$RMSEA = 0.043 < 0.08$，$CFI = 0.962 > 0.9$，$TLI = 0.956 > 0.9$，$SRMR = 0.043 < 0.08$，$\chi^2/df = 1031.677/753 = 1.370 < 2$，各拟合度参数均符合最佳分析标准要求，模型具有较好的结构效度。另外，验证性因素分析结果见表4-5，各题目指标与因子维度之间的标准化载荷值高于0.6，且组合信度CR值高于0.8，平均方差提取量（AVE）高于0.5，各因子维度具有较强的聚合性，模型聚合效度较高。

表4-5 各变量载荷、组合信度等

项目	题目	载荷值	标准化载荷值	标准误（SE）	t值（t）	显著性概率（p）	组合信度（CR）	平均方差提取量（AVE）
试验	X11_1	1.000	0.767				0.884	0.719
	X11_2	1.169	0.893	0.089	13.088	0.000		
	X11_3	1.123	0.878	0.084	13.399	0.000		
可承受损失	X12_1	1.000	0.889				0.846	0.648
	X12_2	0.764	0.752	0.062	12.374	0.000		
	X12_3	0.751	0.767	0.058	12.975	0.000		

续表

项目	题目	载荷值	标准化载荷值	标准误(SE)	t值(t)	显著性概率(p)	组合信度(CR)	平均方差提取量(AVE)
柔性	X13_1	1.000	0.753				0.831	0.552
	X13_2	0.926	0.697	0.096	9.631	0.000		
	X13_3	0.995	0.752	0.097	10.302	0.000		
	X13_4	0.963	0.767	0.091	10.553	0.000		
先前承诺	X14_1	1.000	0.779				0.841	0.640
	X14_2	1.057	0.762	0.099	10.627	0.000		
	X14_3	1.183	0.855	0.095	12.467	0.000		
目标导向	X21_1	1.000	0.885				0.945	0.810
	X21_2	0.944	0.895	0.050	18.792	0.000		
	X21_3	0.989	0.907	0.051	19.473	0.000		
	X21_4	0.985	0.913	0.050	19.812	0.000		
竞争分析	X22_1	1.000	0.830				0.908	0.711
	X22_2	1.049	0.880	0.067	15.643	0.000		
	X22_3	0.982	0.868	0.064	15.350	0.000		
	X22_4	0.897	0.792	0.068	13.282	0.000		
避免意外	X23_1	1.000	0.920				0.935	0.828
	X23_2	0.999	0.914	0.045	22.005	0.000		
	X23_3	0.994	0.895	0.049	20.455	0.000		
预期回报	X24_1	1.000	0.892				0.938	0.836
	X24_2	1.069	0.931	0.051	21.110	0.000		
	X24_3	1.039	0.919	0.051	20.337	0.000		
财务绩效	Y1_1	1.000	0.869				0.910	0.771
	Y1_2	1.139	0.908	0.064	17.774	0.000		
	Y1_3	0.985	0.857	0.060	16.420	0.000		
非财务绩效	Y2_1	1.000	0.895				0.923	0.799
	Y2_2	0.979	0.860	0.056	17.376	0.000		
	Y2_3	1.041	0.926	0.051	20.584	0.000		

续表

项目	题目	载荷值	标准化载荷值	标准误（SE）	t值（t）	显著性概率（p）	组合信度（CR）	平均方差提取量（AVE）
环境动态性	W1_1	1.000	0.817				0.908	0.664
	W1_2	1.067	0.842	0.076	13.979	0.000		
	W1_3	0.975	0.820	0.071	13.673	0.000		
	W1_4	0.907	0.782	0.072	12.616	0.000		
	W1_5	0.984	0.813	0.074	13.268	0.000		
环境敌对性	W2_1	1.000	0.838				0.910	0.717
	W2_2	0.982	0.866	0.064	15.337	0.000		
	W2_3	0.946	0.839	0.065	14.528	0.000		
	W2_4	0.968	0.844	0.066	14.666	0.000		

在变量相关系数矩阵结果（见表4-6），将AVE的开方值置于对角线位置，比较各维度两两之间相关系数与AVE开方值的大小关系。结果显示，不同因子维度之间的相关系数均低于所涉及变量各自的AVE开方值，即变量之间的关联性弱于变量本身的聚合性，因此，模型具有较好的区分效度。

表4-6　　　　　　　　各变量相关分析

变量	效果推理逻辑	因果推理逻辑	新创企业绩效	环境不确定性感知
效果推理逻辑	(0.866)			
因果推理逻辑	0.347	(0.883)		
新创企业绩效	-0.046	-0.193	(0.957)	
环境不确定性感知	-0.037	-0.100	0.148	(0.931)

注：对角线括号内的值为相应变量的AVE平方根。

分别建立不同的二阶验证性因素模型,检验问卷中判别效度的关系,见表4-7,其中,四因子模型中各拟合度指标均达到分析要求,而三因子模型与双因子模型拟合度相对较差,单因子模型未收敛,因此效果推理逻辑、因果推理逻辑、新创企业绩效、环境不确定性感知四个变量的四因子模型判别效度较好,具有一定的竞争性优势。

表4-7 拟合优度指标

变量	RMSEA	CFI	TLI	SRMR	χ^2	df	χ^2/df
四因子模型	0.046	0.953	0.950	0.058	1140.640	801	1.424
三因子模型	0.065	0.905	0.898	0.117	1492.793	804	1.857
双因子模型	0.073	0.88	0.872	0.144	1675.678	806	2.079
单因子模型	—	—	—	—	—	—	—

4.4 假设检验

4.4.1 回归效应检验

本书采用结构方程模型回归分析方法检验效果推理逻辑以及因果推理逻辑对新创企业绩效的非线性影响关系。一般情况下,当自变量的二次项系数为正数,且显著性检验结果 $p<0.05$ 时,自变量对因变量存在显著的"U"型影响关系;而当自变量的二次项系数为负数,且显著性检验结果 $p<0.05$ 时,自变量对因变量存在显著的倒"U"型影响关系。本节中通过构建潜变量二次项以及潜变量交互项,建立回归分析模型检验效果推理逻辑、因果推理逻辑以及两者交互项对新创企业绩效的影响,回归计算及检验结果见表4-8。

表4-8　　　　　　　　　层次回归分析结果（1）

回归路径			b	SE	t	p
效果推理逻辑	→	新创企业绩效	-0.365	0.203	-1.801	0.072
因果推理逻辑	→	新创企业绩效	0.144	0.176	0.820	0.412
效果推理逻辑二次项	→	新创企业绩效	-1.273	0.628	-2.027	0.043
因果推理逻辑二次项	→	新创企业绩效	0.712	0.142	5.019	0.000
交互项	→	新创企业绩效	0.217	0.490	0.442	0.658
交互项二次项	→	新创企业绩效	-1.575	0.785	-2.008	0.045

根据检验结果可知，效果推理逻辑二次项对新创企业绩效的回归系数值为-1.273，且在 $p<0.05$ 水平上达到显著，即效果推理逻辑对新创企业绩效存在显著的倒"U"型影响关系，当效果推理逻辑得分较低时，其对新创企业绩效影响关系为正向，而当效果推理逻辑得分较高时，其对新创企业绩效影响关系为负向，假设H1成立。

为检验斜率变化情况，单独以效果推理逻辑为自变量，计算一次项以及二次项对新创企业绩效的回归影响，计算结果为：$Y=-0.342\times$ 效果推理逻辑 $-1.297\times$ 效果推理逻辑二次项；进一步对效果推理逻辑变量进行求导，计算得到其斜率方程为：$S=-0.342-2.594\times$ 效果推理逻辑。由于变量经过标准化处理，因此，当效果推理逻辑取值较小时，回归斜率为正数，当效果推理逻辑取值较大时，回归斜率为负数，进一步验证了假设H1成立。

采用同样方式检验因果推理逻辑的影响，其二次项系数值为0.712，且在 $p<0.001$ 水平上达到显著，即因果推理逻辑对新创企业绩效存在显著的"U"型影响关系。单独以因果推理逻辑为自变量，计算一次项以及二次项对新创企业绩效的回归影响，计算结果为：$Y=0.033\times$ 因果推理逻辑 $+0.612\times$ 因果推理逻辑二次项；进一步对

因果推理逻辑变量进行求导，计算得到其斜率方程为 $S = 0.033 + 1.224 \times$ 因果推理逻辑。由于变量经过标准化处理，因此当因果推理逻辑取值较小时，回归斜率为负数，当因果推理逻辑取值较大时，回归斜率为正数，假设 H2 成立，具体关系如图 4-1 所示。

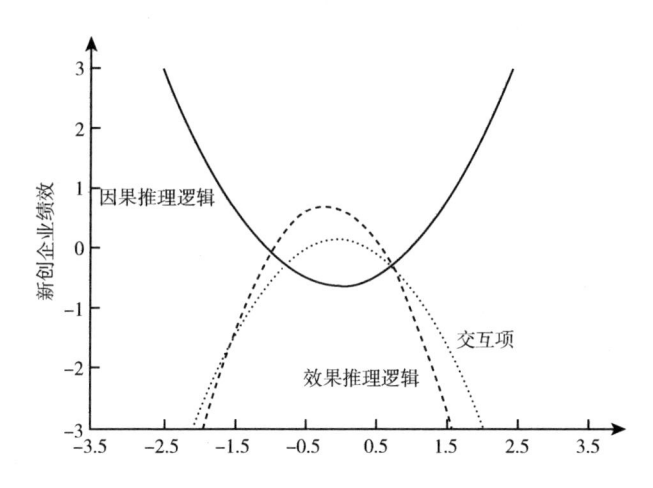

图 4-1　效果推理、因果推理以及两者交互与新创企业绩效的非线性关系

因果推理逻辑与效果推理逻辑的交互项对新创企业绩效存在显著的正向回归影响，回归系数值为 0.217，且显著性检验结果 $p = 0.001 < 0.01$；交互项的二次项系数值为 -1.575，且显著性检验结果 $p < 0.001$，即交互项同样对新创企业绩效存在显著的倒 "U" 型曲线关系，当两者同高或同低时，新创企业绩效得分较低，而当两者得分居中时，新创企业绩效得分较高，假设 H3 成立。

4.4.2　调节效应分析

根据环境不确定性感知的高低取值不同，效果推理与因果推理表现出不同的影响关系。采用分组回归的方式检验在效果推理逻辑、因果推理逻辑对新创企业绩效的回归影响中，环境不确定性感知是否存在调节作用，检验结果汇总见表4-9。

表4-9　　　　　　　　层次回归分析结果（2）

变量	低环境不确定性感知			高环境不确定性感知		
	模型1	模型2	模型3	模型4	模型5	模型6
效果推理	-0.156	-0.352**	-0.325**	0.218*	-0.289***	-0.247***
因果推理	0.017	0.151	0.209	-0.300**	0.148**	0.144**
效果推理二次项		-0.316*	-0.263		-0.669***	-0.630***
因果推理二次项		0.273*	0.370*		0.517***	0.493***
交互项			-0.114			-0.093*
交互项二次项			-0.076			-0.112**
R^2	0.023	0.249	0.264	0.104	0.855	0.874
F	1.018	7.146***	5.028***	6.332**	157.498***	121.575***
ΔR^2	0.023	0.227	0.015	0.104	0.751	0.019

注：$*p<0.05$；$**p<0.01$；$***p<0.001$。

由表4-9中数据，根据模型2、模型3、模型5、模型6可知，在高低两种环境不确定性感知情况下，效果推理二次项对新创企业绩效均存在显著的负向回归影响，但在高环境不确定性感知下回归系数的绝对值更大。而因果推理逻辑二次项对新创企业绩效均存在显著的正向回归影响，同样在高环境不确定性感知下回归系数的绝对值更大，表明环境不确定感知对效果推理、因果推理与新创企业绩效之间的关系起到正向的调节作用（Haans et al., 2016），即假设H4、假设H5成立。

根据模型3、模型6可知，效果推理与因果推理的交互项二次项系数检验结果表明，当环境不确定性感知水平较低时，交互项二次项对新创企业绩效存在不显著的回归影响，而当环境不确定性感知水平较高时，交互项二次项对新创企业绩效存在显著的负向回归影响，而且同样在高环境不确定性感知下回归系数的绝对值更大，表明环境不确定性感知对效果推理与因果推理两者交互与新创企业绩效之间的关系起到正向的调节作用，因此假设 H6 成立。

为直观展示环境不确定性感知的调节作用，绘制了相应的调节效应图，如图 4-2、图 4-3、图 4-4 所示。从这些图中可以看出，环境不确定性感知对效果推理、因果推理以及两者的交互与新创企业绩效之间的关系均存在正向的调节作用，即随着环境不确定性感知的增大，效果推理、因果推理以及两者的交互对新创企业绩效的非线性作用（"U"型或者倒"U"型）均得到了强化，更加的明显。

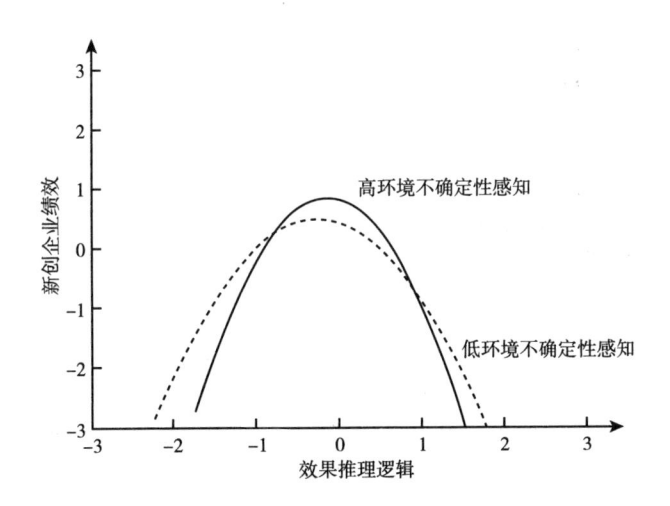

图 4-2　环境不确定性感知对效果推理
与新创企业绩效之间关系的调节

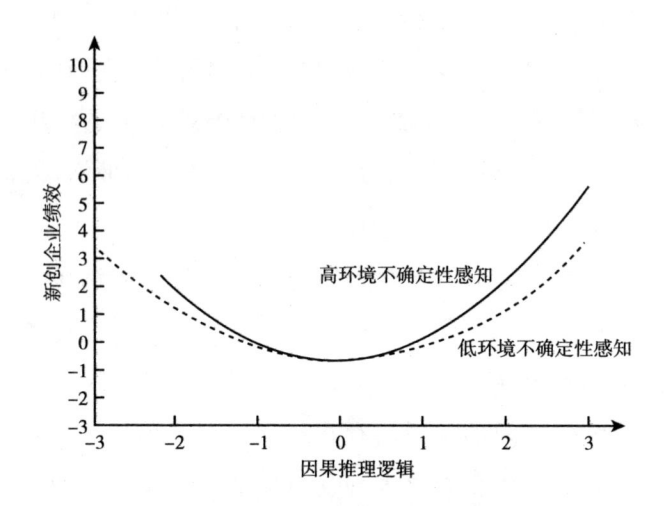

**图 4-3　环境不确定性感知对因果推理
与新创企业绩效之间关系的调节**

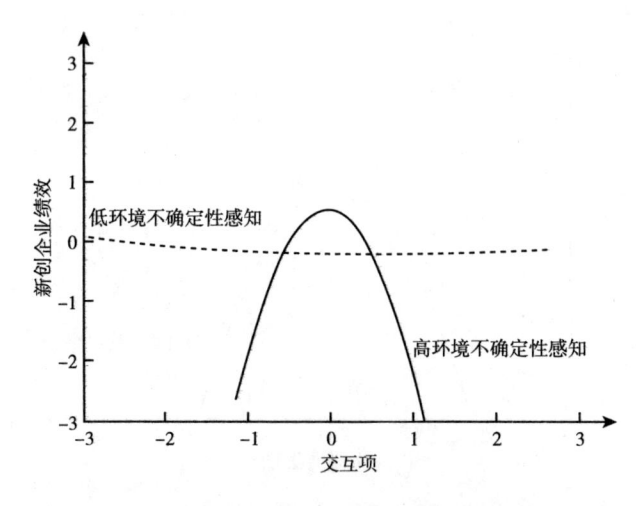

**图 4-4　环境不确定性感知对两种逻辑交互
与新创企业绩效之间关系的调节**

4.5 稳健性检验

在假设检验结果的基础上，回归分析采用变量均值进行进一步的稳健性检验，而调节效应则采用构建交互项的形式检验调节作用，在进行调节效应分析前，为了消除共线性的影响，需要对变量进行中心化处理。

4.5.1 回归效应分析

根据检验结果可知，在路径分析的稳健性检验结果（见表4–10）中，效果推理逻辑二次项对新创企业绩效的回归系数值为 –0.775，且在 $p < 0.001$ 水平上达到显著，即效果推理逻辑对新创企业绩效存在显著的倒"U"型影响关系。当效果推理逻辑取值较小时，回归斜率为正数，当效果推理逻辑取值较大时，回归斜率为负数，假设 H1 成立。

表4–10　　　　　　　路径分析的稳健性检验

回归路径			b	SE	t	p
效果推理	→	新创企业绩效	–0.393	0.081	–4.882	0.000
因果推理	→	新创企业绩效	0.177	0.057	3.105	0.002
效果推理二次项	→	新创企业绩效	–0.775	0.117	–6.616	0.000
因果推理二次项	→	新创企业绩效	0.452	0.061	7.446	0.000
交互项	→	新创企业绩效	–0.194	0.134	–1.446	0.148
交互项二次项	→	新创企业绩效	–0.434	0.215	–2.020	0.043

因果推理逻辑对新创企业绩效的回归影响中，其二次项系数值为 0.452，且在 $p < 0.001$ 水平上达到显著，即因果推理逻辑对新创企业

绩效存在显著的"U"型影响关系，假设H2成立。

因果推理逻辑与效果推理逻辑交互项的二次项系数值为-0.434，显著性检验结果$p<0.001$，即交互项同样对新创企业绩效存在显著的倒"U"型关系，当两者同高或同低时，新创企业绩效得分较低，而当两者得分居中时，新创企业绩效得分较高，假设H3成立。

稳健性检验结果中各回归显著性结论与结构方程模型中结果一致，研究假设再次得到验证，说明本书的研究结果具有较好稳健性。

4.5.2 调节效应分析

根据一般检验结果，在自变量对因变量为倒"U"型影响关系的前提下，若调节变量与自变量二次项的交互项对因变量存在负向的显著影响，则表示调节变量越大，倒"U"型曲线越陡峭；反之，在自变量对因变量为"U"型影响关系的前提下，若调节变量与自变量二次项的交互项对因变量存在正向的显著影响，则表示调节变量越大，"U"型曲线越陡峭。根据以上检验原理，通过构建效果推理逻辑、因果推理逻辑、效果推理逻辑二次项、因果推理逻辑二次项、交互项、交互项二次项等指标与调节变量环境不确定性感知等调节交互项，检验随着调节变量的取值不同，各回归关系的变化规律，计算及检验结果见表4-11。

表4-11　　　　　层次回归分析结果（3）

变量	模型1	模型2	模型3	模型4	模型5	模型6
效果推理	-0.097	-0.074			-0.333***	-0.320***
因果推理			-0.158*	-0.137	0.029	0.078
效果推理二次项	0.620***	0.596***				
因果推理二次项			-0.029	0.041		

续表

变量	模型1	模型2	模型3	模型4	模型5	模型6
交互项					-0.727***	-0.662***
交互项二次项					0.011	-0.124
环境不确定性感知		0.222**		-0.083		0.216**
效果推理×环境不确定性感知		0.028				0.196***
效果推理二次项×环境不确定性感知		-0.233**				
因果推理×环境不确定性感知				0.084		-0.118*
因果推理二次项×环境不确定性感知				0.355**		
交互项×环境不确定性感知						-0.043
交互项二次项×环境不确定性感知						-0.313***
R^2	0.38	0.419	0.028	0.097	0.427	0.507
F	61.222***	28.367***	2.883	4.236**	36.949***	22.065***
ΔR^2	0.38	0.039	0.028	0.069	0.427	0.08

注：$*p<0.05$；$**p<0.01$；$***p<0.001$。

根据上述检验结果，调节变量与效果推理逻辑二次项的乘积项对因变量新创企业绩效的回归系数值为-0.233，显著性检验结果$p<0.01$，调节效应检验结果显著，当调节变量变大时，效果推理逻辑对新创企业绩效的倒"U"型影响曲线变得陡峭，即在效果推理逻辑取值较小时，调节变量越大，正向影响关系越强；而当效果推理逻辑取值较大时，调节变量越大，负向影响关系越强，假设H4成立。

调节变量与因果推理逻辑二次项的乘积项对因变量新创企业绩效的回归系数值为0.355，显著性检验结果$p<0.01$，调节效应检验结果

显著。同理可知,当调节变量变大时,因果推理逻辑对新创企业绩效的"U"型影响曲线变得陡峭,即在因果推理逻辑取值较小时,调节变量越大,负向影响关系越强;而当因果推理逻辑取值较大时,调节变量越大,正向影响关系越强,假设 H5 成立。

另外,调节变量与效果推理逻辑、因果推理逻辑二次交互项的乘积项对新创企业绩效的回归系数值为 -0.313,显著性检验结果 $p<0.001$。因此,交互项的倒"U"型影响关系同样受到了环境不确定性感知的调节作用,一方面,环境不确定性感知增强了两种逻辑交互效应与新创企业绩效倒"U"型关系中的正向作用;另一方面,环境不确定性感知也增强了两种逻辑交互效应与新创企业绩效倒"U"型关系中的负向作用,进一步验证了假设 H6 成立。

4.6 结果分析与讨论

4.6.1 研究结论

在当前中国转型时期的新经济背景下,创新创业均面临更大的挑战,新创企业作为新进入者不可避免地具有一定的新创弱性,再加上环境不确定程度日益动态化与复杂化,使得创业者不得不更加积极地思考如何发挥创业决策逻辑的协同效应及效能机制等问题。而目前已有的研究主要是从线性视角出发围绕创业决策逻辑与相关绩效之间的关系展开,本书从阴阳观理论视角出发,将效果推理逻辑、因果推理逻辑视作一对创业决策逻辑悖论。本书第 3、第 4 章即是从悖论视角探索创业者的创业决策逻辑对新创企业绩效的影响机制,为创业者不断提升创业决策质量以及更加理性地提升新创企业绩效均提供了新的参考与借鉴，主要结论如下。

（1）效果推理逻辑与因果推理逻辑分别与新创企业绩效呈现倒"U"型和"U"型关系。之前大多数研究认为双元创业决策逻辑与相关绩效之间的是一种线性相关的关系，大多数研究认为效果推理、因果推理在时间或空间分离的背景下对相关绩效呈现正相关作用（An et al.，2019）。而实际上，阴阳观视角下的效果推理与因果推理可视作一对创业决策逻辑悖论，效果推理和因果推理并不总是导致机会的创造以及绩效的提升（Wiltbank et al.，2006），这一对创业决策逻辑悖论的阴暗面及其非线性效应逐渐引起学者们的关注。创业决策逻辑的作用过程中也存在"过犹不及"效应，这种"过犹不及"效应恰恰体现了阴阳观思维中的动态性规律以及非线性原理，即阴阳矛盾的双方水平都过高或过低时，效果不会达到最佳，只有都取适度的水平值时，才会达到效果最佳，双方与绩效之间呈现非线性的倒"U"型关系（李平，2013）。

（2）效果推理和因果推理这两种创业决策逻辑彼此不是对立互斥，而是平等的、相互补充的关系，而且效果推理与因果推理的交互作用与新创企业绩效呈倒"U"关系。阴阳观视角下的双元创业决策逻辑的交互对新创企业绩效可能有正向影响也可能有负向影响，当两者水平都较高或较低时，新创企业绩效均会较低。

类似于探索与利用之间存在张力，因果推理和效果推理也会争夺资源、注意力、时间和稀缺资源。当一个新创企业需要选择两种创业决策逻辑组合时，需要对每种创业决策逻辑予以注意力和时间的分配，但注意力和时间总是有限的，因此，因果推理和效果推理的结合使用反而有可能导致成本增加和效率降低。这一结论与阴阳理论中的对立统一原则也是一致的，双方既冲突又互补，当双方都较小时，两者互补较少；当悖论涉及的矛盾要素双方都取值较大时，两者之间的互补协同不见得增加，但两者冲突必定会随之变多。因此，取值都较大或都较小这两种情况均会使得系统远离平衡状态。只有形成悖论的矛盾双方取值都适中或一方较大另一方较小时，才有可能达到冲突最小、互补效应最大的状态，从而接近甚至达到和谐的理想状态，所以两种创业决策逻辑的交互对新创企业绩效的作用也应是一种非线性效应（Fang，2012；李平，2013）。

（3）环境不确定性感知正向调节效果推理、因果推理以及两者交互与新创企业绩效之间的非线性关系，而且验证了效果推理、因果推理对新创企业绩效作用的边界。大量研究将环境不确定性纳入创业决策逻辑对相关绩效的影响研究框架中（Welter & Kim，2018）。相关研究发现，当环境不确定性程度较高时，效果推理相比于因果推理逻辑更加有利于提高新创企业绩效（Futterer et al.，2018），即效果推理对于新创企业绩效的正向影响更显著。这些研究认为，当环境不确定性程度较高时，预测变得越来越不可行，基于传统的计划战略逐渐失去效果，反而会阻碍企业的发展，相比较而言，效果推理通过迭代的方法，积极整合周围的资源，通过低成本试验，反而会取得较好的可控的绩效。而在环境不确定性较低的新企业发展后期，相比前期而言，外部环境逐渐稳定，预测的可靠性也逐渐提高，此时采取因果推理逻辑更有利于相关绩效的提升，并促进新企业实现长期增长（Laine & Galkina，2016）。

4.6.2 理论贡献

根据4.6.1小节中总结的研究结论，可以归结出以下两点理论贡献。

（1）本书验证了阴阳观理论在中国情境下的适用性，以及验证了双元创业决策逻辑悖论在阴阳观这一理论视角下的"非线性"效应，不仅丰富了阴阳观以及悖论管理的相关理论，而且为中国本土化管理哲学研究提供重要的理论借鉴与支撑。实证关系有三个层次的体现：在直接效应上，阴阳与结果变量的相关关系是相反的，若一个正相关，则另一个负相关。在一次交互效应上，阴阳两个要素缓解了对方与结果变量的关系。这两个层次的实证关系，即阴阳作用不同甚至相反，但通过互动成就了和谐的整体，体现了老子所说的"万物负阴而抱阳，冲气以为和"以及过犹不及的中庸思想。同时，还验证了环境不确定性感知的调节效应，厘清了对效果推理和因果推理发挥作用的边界条件。本书通过揭示影响的边界条件，为两种不同决策逻辑对创业拼凑的作用发挥提供了更加全面的解释，丰富了对效果推理的权变作用机理研究。

面对越来越复杂、多变、充满不确定性的环境，悖论的存在越来越具有普遍性。同时，悖论也成为实践中无法回避的一种存在。悖论代表相互冲突却相互关联的要素，在战略管理中存在大量的双元悖论，如探索与利用、长短期规划、创新与稳定、惯例与变革悖论等。由于这类悖论问题广泛存在于各种管理现象之中，并令决策者感到困惑，因此也涌现出大量试图解决悖论的研究，如罗霄依和孙黎（2018）认为，悖论本质上作为一种元理论，存在很多的研究领域，阴阳观实际上服从悖论元理论，而阴阳范式是有效解决管理悖论问题的有效方法。

（2）本书基于组织双元理论、阴阳悖论管理等理论，将因果推理、效果推理以及两者之间的交互与新创企业绩效纳入一个整合的研究框架中，不仅证实了以往学者，如孙春艳和王凤彬（2016）、雷曼等（Reymen et al.，2015）的研究结论，而且揭示了双元创业决策逻辑与新创企业绩效之间的非线性关系，证实了这两种创业决策逻辑对新创企业绩效影响的差异性，一定程度上补充了效果推理理论的相关内容。因为大多数已有研究是在单独分别检验因果推理或效果推理对相关绩效的影响或者作用，特别是早期研究，认为这两种创业决策逻辑是矛盾而独立的，倾向于采用"二分法"来进行相关研究，而少量的持有整体观的研究大多数也是验证创业决策逻辑与相关绩效之间的线性关系。实际上，作为创业决策过程中的主要决策逻辑，因果推理与效果推理在基本原理以及核心内容等方面确实有着本质上的不同，对于企业核心竞争力的持续获得也发挥着不同的作用：遵循因果推理决策的创业者被认为是完全理性的，未来是可以预测的，决策者可以掌握所有的信息，基于已给出的具体工具和方法来设法达成预定的目标，同时有条件作出所有的选择方案，并能从中选择最优的方案；遵循效果推理决策的创业者则是采用进化应对的办法，试图通过一套不断深化的工具和方法以达成新的、不同的目标，创业者认为未来是人们主动行动的某种偶然结果，应考虑如何创造未来。因此，"人类在多大程度上可以控制未来，就在多大程度上不需要预测未来"（Sarasvathy，2001）。

但是悖论视角下认为阴阳矛盾要素是可以共存或相互转化的，可以采用"整体观"将这两种创业决策逻辑纳入一个整合的模型中进行检验。

4.7 本章小结

基于203份企业样本的问卷调查与统计分析，本章主要对3.3节中提出的阴阳观视角下效果推理、因果推理对新创企业绩效的影响的六个假设进行了实证研究。

首先，对所收集的样本的基本情况进行描述性统计；其次，采用验证性因子分析方法对数据的信度、效度进行检验，并采用因子分析法对共同方法偏差问题进行检验，结果均表明样本数据满足基本标准；再次，对变量进行基本的描述性统计分析与相关分析，判断变量之间的相关性；最后，采用结构方程模型方法，检验了效果推理逻辑、效果推理、因果推理的交互分别与新创企业绩效之间的非线性关系，以及环境不确定性感知起到的正向调节作用，并对实证分析所得出的结论进行总结与讨论。

实证研究结果表明，效果推理逻辑、效果推理、因果推理的交互分别与新创企业绩效的关系呈倒"U"型关系，因果推理与新创企业绩效之间呈"U"型关系。采用潜调节结构方程法对环境不确定性感知对效果推理、因果推理以及两者交互与新创企业绩效关系的调节效应进行检验，研究结果表明，环境不确定性感知显著的正向调节效果推理、因果推理以及两者交互与新创企业绩效之间的关系。

第 5 章 创业决策逻辑动态演化模型的构建

第 3 章和第 4 章主要是从静态研究方法出发，借鉴阴阳观及悖论理论分析并探索了双元创业决策逻辑对新创企业绩效的非线性影响作用，但是根据决策理论，创业决策贯穿整个创业过程，因此为了深入挖掘创业过程中战略决策演化过程，需要进一步围绕双元创业决策逻辑的动态性以及它们如何随时间演变来展开研究，从而探析从长期性与动态性视角出发，双元创业决策逻辑对新创企业绩效的影响又是如何演化。效果推理逻辑、因果推理逻辑以及两者的交互与新创企业绩效之间的非线性关系能否达到动态均衡状态？因此，第 5 章和第 6 章拟在第 3 章和第 4 章研究内容的基础上，从系统思维的动态性视角出发，进一步探索双元创业决策逻辑悖论关系的演化过程及其规律。

5.1 研究方法及其适用性

5.1.1 研究方法简介

系统动力学（system dynamics，SD）由杰伊·弗雷斯特（Jay W

Forrester）于1956年创立，它是一种以计算机仿真技术为手段、以反馈控制理论为基础、以复杂社会经济系统为研究对象的定性定量相结合的研究方法。该方法借助因果关系和反馈回路来刻画系统内部结构，并且认为复杂系统行为模式与特性主要取决于其内部的以反馈回路为基础的动态结构及其反馈机制。系统动力学三个重要的建模组件分别是因果关系图、系统动力学流图以及方程式（王其藩，2009）。其中，因果关系图是梳理系统中的关键变量之间的因果关系的重要工具，采用因果关系图能够清晰地展现出系统的关键变量及其相互之间的因果关系、反馈关系及相互之间的影响回路；系统动力学流图是对系统内部结构的简单描述，是预判系统行为的关键工具。此外，流图因其定义了系统中因素之间的数量关系，是系统模拟的基本依据；系统动力学方程式的设定是系统动力学方法建模及仿真的关键步骤，系统动力学方程式主要针对模型中的变量关系进行定量描述与刻画。由于变量关系通常能左右仿真模型的结构以及演变趋势，因此在利用系统动力学方程式建立变量关系时需密切联系并借鉴经典理论，同时紧密联系现实情况。

系统动力学模型是从系统整体性视角出发，对整个系统随时间变化的过程进行动态仿真模拟，对于其中主体的具体行为可予以忽略。系统动力学模型通常用首尾相连的箭头反映变量间的反馈回路，反馈回路的极性包括两种：正的多重反馈回路（positive feedback loop）（简称正反馈回路）与负的多重反馈回路（negative feedback loop）（简称负反馈回路）。其中，正反馈回路是指能够使得累积变量产生自我强化效果的回路过程，此过程将通过因果关系的依次传递使得累积变量原来的变化趋势强化（如人口增长和人口出生率之间的关系）；负反馈回路则使得累积变量具有自我调节的特性，使系统逐渐趋于平稳与稳定状态（如人口和人口死亡率的关系）（Bala et al.，2017）。

系统动力学模型不仅广泛应用于社会学、经济学、金融学等领域研究，而且广泛应用于生产管理及库存管理等企业微观管理领域，用来深入探讨社会经济管理系统随时间而变化的基本运行规律以及政策设计等问题。

5.1.2 研究方法适用性

针对悖论问题的分析与解决，有学者突破了二元间"对"关系的范畴，总结出可借助"三元引入"策略，以第三方来促进矛盾双方在一定条件下的动态转化，由此缓解矛盾双方的直接对立。然而，目前有关研究观点零散且分析较浅。不过仍然可以启发学者们从更广阔的视域去探析矛盾双方"此"与"彼"之间的多维度关系，从系统整体观和动态观的角度看待问题，可能会对悖论问题的解决提供新的见解。将矛盾各方互动转化的机制研究引向深化和一般化。超越具体问题而作为复杂性科学概念工具和思考方式的系统思维，强调把世间万物看作一个复杂系统，从整体角度探寻问题的解决方案（Sterman，2000）。

根据事物发展"否定之否定"的观点，在现有管理组织悖论中短期性有利于绩效的战略逻辑未必是长期有效的，可从较长周期视角从系统整体观和动态观的角度去看待，可能会对悖论问题的解决提供新的见解，也就是说，悖论涉及的矛盾要素演化具有动态性，而且这一动态过程具有螺旋状上升并反转的特点。以系统思维探寻悖论的解决方案，有利于克服现有以二维视域关注"对"关系的局限。系统思维以整体系统作为研究对象，强调站在更广的空间上思考复杂、难解的问题，且通过考察系统内部各事物之间的普遍联系和相互作用探究系统演化的规律特征。系统思维聚焦于有机的、开放的、动态变化的整体。在一个系统整体中，要素之间存在着复杂的非线性关系，这意味着需要超越二元间"对"关系范畴，具体阐述如下。

（1）系统思维的整体性视角有助于超越当前悖论认知中的二维关系。现实情境中，悖论往往嵌于复杂的社会环境之中，悖论双方受彼此影响之外，还受到其他多个要素的影响。引入其他主体或变量，并纳入思考范围和框架中，从更广阔的视角认识矛盾各方及其相互作用，有助于突破"不识庐山真面目"的局部视角，从整体性全局视角去洞察悖论要素以及相关多个变量之间互动关系，从而探寻更具系统性、整体性的悖论问题解决方案。

（2）系统思维的结构性视角有助于分析影响悖论双方之间张力变化的因素。根据组织双元理论，悖论双方之间的张力是固有的、是一种客观性的存在，但其强度会随着其中一方力量或双方交互作用的变化、其他重要变量的引入而发生变化。将悖论问题置于一个更多边更宽泛的结构中，从而为悖论双方矛盾要素之间张力的增减变化提供解释机制，从而为管理者实施干预提供更现实的悖论解决方案。

（3）系统思维的动态性视角有助于洞悉悖论演化的过程和规律。企业管理实践中的悖论并非一成不变，会随着企业内外部环境的改变以及管理决策行为的干预而呈现出持续涌现、发展、对立或缓解等不同的过程特征。通过对悖论各个特征阶段的分析、比较，聚焦其动态互动及演化过程，有利于进一步探索悖论演化发展的规律，为悖论的解决提供更具有长期导向性的方案。

创业专业知识或创业经验差异成为支撑不同创业者偏好不同决策逻辑的基石（Dew et al., 2009）。基于这一观点，专家型创业者之所以更倾向于选择效果推理，是因为他们更倾向于通过自身创业专业知识和经验，并基于以行动为基础进行开展创业决策（Wiltbank et al.,

2006），创业新手则因缺乏创业专业知识而倾向于选择因果推理。因此，效果推理也一直被视为"创业专家的思维逻辑"。

目前有不少学者开始倡导过程视角的研究，认为过程取向更符合效果推理理论的本质（Reymen et al.，2017；Jiang & Tornikoski, 2019；Jiang & Rüling, 2019），并认为研究者可以在较长的时间周期内探索两种创业决策逻辑对新创企业绩效的影响机制。从长期来看，就是悖论中的矛盾要素的静态组合如何实现动态调整的问题，相比于静态实证分析方法，动态的关注于过程的系统动力学方法有助于更好地回答在创业过程中，创业者因何及如何使用不同决策逻辑的问题。中国传统的阴阳哲学广泛应用于管理悖论问题的解决方面，第3章和第4章的实证研究是从静态视角展开的相关分析，研究结果揭示了阴阳观理论视角下，双元创业决策逻辑之间一方面存在悖论关系双方此消彼长（trade-off）的相克关系，另一方面也强调它们之间存在相互依赖的相生关系（Li, 2014）。第5章则从动态视角下出发展开相关分析，针对悖论关系中的矛盾双方在一定条件下可相互转化的关系进行探索（Jing & Van de Ven, 2014）。

5.2 理论拓展与研究框架

5.2.1 理论拓展

创业可视作一个系统工程，在具有复杂性的创业实践过程中，各个相关要素之间均可能存在互动关系，但目前相关研究往往只关注某些特定要素对结果变量的作用与影响，而对那些不关心的要素实施控制，以更好地观测特定要素对结果变量的作用与影响。同时，现有研究主要采用案例分析方法、多元统计等实证类方法，很难从系统性和整体性视角对不同要素进行分析。近些年，学者们对系统仿真方法越来越关注，该方法的应用范围也逐渐从宏观发展到微观，而系统仿真方法强调的正是从系统性和整体性角度将系统各个要素通盘考虑。创业其实是一种机制，是在资源高度约束、不确定性较强前提下的一种快速行动机制，是一种假设性、试错性、创新型的快速行动机制（张玉利和赵都敏，2008）。因而，学者们将仿真方法视为一种新兴的创业研究方法。

通过已有文献的阅读与梳理可以发现，创业决策、战略管理、决策逻辑等的相关研究更多地集中于创业知识、创业学习以及动态能力等方面。根据知识基础理论，作为知识的承载体，组织生存发展所需的各种知识资源不仅来源于内部，而且还来自组织外部。根据资源基础观，组织通过各种知识资源的获取来提高自身能力，识别、吸收和利用知识的能力是组织战略成功的关键（Anha et al., 2006），特别是面临着资源和环境双重压力的创业企业，从组织内外部获取知识以满足创业活动对知识和信息的需求，同时也通过外部知识获取，增强创业机会识别以提升新企业的绩效。

新创企业在初创期往往缺少生存所必需的资源和能力。为了弥补初创企业的先天劣势，帮助初创企业实现生存和发展，企业需要进行学习（Tseng, 2013）。创业学习是指组织探索新的知识以及开发利用现有知识之间的一种动态过程。马奇（1991）从适应过程视角出发，提出了探索和利用的概念并将学习分为探索式学习和利用式学习。探索被定义为一系列包括"搜寻、变化、冒险、试验、发现、创新"等在内的行为，利用则被定义为一系列包括"精炼、选择、生产、效率、执行、实施"等在内的行为。探索式学习强调探索新知识、主动实施变革，主要包括开拓新的业务、研发新的技术、不断进行实验和创新等一系列搜寻或冒险行为。利用式学习则强调对现有知识的整合利用，强调对已有资源进行精炼，从而稳步改进组织运营，提升组织效率。

创业学习不仅能够帮助企业更好地适应环境的多样性和复杂性，维持企业与环境之间的匹配，满足顾客的需求（Luo et al.，1999），还能够促进资源在企业内部的传播与积累以及企业外部获取资源转化，从而形成独特的能力和竞争优势，促进企业绩效。对于初创企业的管理者，其最重要的任务就是不断创新和学习（Michael et al.，2002），通过不断地试验和试错来开发新产品或新服务以形成自己独特的竞争优势，保障自己的生存。创业者能否有效地进行创业学习，直接决定了企业的生存发展和绩效水平（Jansen et al.，2006），"利用式学习"和"探索式学习"作为创业学习的两种基本模式，对初创企业生存和发展十分重要，本书拟将这两种创业学习模式纳入创业决策逻辑动态演化模型中。

新创企业所拥有知识与能力的程度和质量是企业绩效差异的来源，随着战略管理理论与组织理论的融合发展，知识与学习型组织的研究受到学者的重视。新创企业开发自身能力的过程与取得知识的方式是息息相关的，通过实践经验的隐性和显性知识积累、表达以及编码过程，经过演化而成为企业的动态能力（Zollo & Winter，2002）。也就是说，动态能力和知识管理都是企业处于动态环境下构建或维持可持续竞争优势的战略方法，两者之间存互动以及协同演化的过程（Easterby-Smith & Prieto，2008）。正是由于来自企业外部环境中的市场、技术等方面的新知识有助于企业克服原有的组织惯性，提高快速识别环境变化的能力，因此企业需要经常对知识和信息进行广泛搜索，从而更好地经营企业并获得绩效。

综上所述，悖论是指矛盾但相互关联的要素持续共存的情况

(Smith & Lewis，2011)，根据悖论的相关研究可以发现，悖论广泛存在于各类管理活动中，在不同组织管理活动中，可能表现出不同要素之间的悖论关系(Schad et al.，2019)。因此相关学者对悖论进行了分类，如学习悖论、组织悖论、从属悖论和绩效悖论，等等。借鉴悖论这一概念，将嵌入创业过程及活动中的矛盾却相互关联，并且持续共存的因果推理、效果推理这一对主要的创业决策逻辑要素可视为创业领域的一对悖论。与此同时，悖论具有双刃剑效应。例如，对效果推理和因果推理这一对创业决策逻辑悖论来讲，一方面，创业者如果能接受悖论并通过对矛盾要素的动态平衡机制的构建形成良性循环，对提升相关创业绩效将产生重要且积极的作用；另一方面，如果创业者无视或者抗拒悖论的存在，则可能对创业绩效提升以及创业成功产生消极或阻碍影响。基于此，本书以组织学习理论、知识基础理论、动态能力理论等为理论基础，结合创业决策、战略管理、决策逻辑等方面的相关研究成果，将创业知识管理、创业学习以及动态能力等变量纳入创业决策逻辑动态演化模型中，利用系统动力学方法这一动态演化过程的相关关键变量进行模拟仿真，从而总结双元创业决策逻辑悖论的动态平衡状态以及演化规律。

5.2.2 研究框架

如前所述，因果推理逻辑与效果推理逻辑可视作阴阳属性不同的两种创业决策逻辑，它们是一对悖论，不仅在驱动力、成本观、权变观、联盟观等维度有区别，而且各自的理论基础、进行决策所需要的知识、对各种绩效的影响方面均有所不同。根据5.2.1小节的理论拓展，悖论视角下的双元创业决策逻辑演化系统动力学模型的理论框架如图5-1所示。

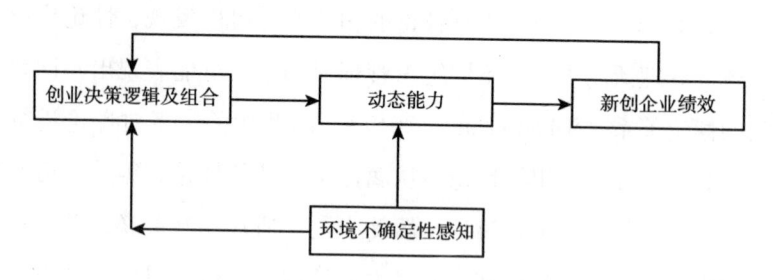

```
┌─────────────────────┐      ┌────────┐      ┌──────────┐
│ 创业决策逻辑及组合  │ ───→ │ 动态能力│ ───→│新创企业绩效│
└─────────────────────┘      └────────┘      └──────────┘
          ↑                      ↑
          │                ┌──────────────┐
          └────────────────│环境不确定性感知│
                           └──────────────┘
```

图 5-1　系统仿真研究理论框架

效果推理逻辑作为一种创业领域的新兴理论受到学者们的关注，并且很多研究发现效果推理逻辑与情境的高不确定性相关；已有研究还发现效果推理逻辑对相关绩效的积极作用。但是也有研究指出，效果推理并不优于因果推理逻辑，效果推理对相关绩效的作用也不总是正面的，反而由于因果推理能够带来立即并确定的回报，但是难以利用因果推理逻辑找到培养并巩固新创企业的创新能力，而且从长远看，因果推理逻辑容易导致知识过时和老化，从而导致竞争力丧失。反过来，虽然效果推理逻辑能够发现真正具有深度创新性的解决方案，但是它往往会导致短期绩效的下降，因为对于新解决方案的探索常常需要付出高成本，并且失败率高，从而导致高风险。总之，因果推理是对现有手段和能力的有效利用，致力于实现既定目标，解决的是眼前的生存问题；而效果推理是追求新知识和新能力的创造，它解决企业长期生存问题。所以，企业要兼顾眼前与长远、生存与发展，就必须做到两者的平衡组合。

虽然已有的组合战略和组织双元性理论的研究文献证明，效果推理逻辑和因果推理逻辑的平衡是保证组织持续竞争优势和长期发展目标的最优选择，但通过什么样的机制来实现两者的平衡，现有的研究既不深入也不充分，提供给人们的答案并不多。

5.3 系统动力学模型因果关系图及主要反馈

5.3.1 系统动力学因果关系图的构建

创业决策及行为不仅造就了新创企业，与此同时，创业决策的结果会反过来影响新创企业的外部环境条件，进而影响后续创业决策逻辑的使用，在这一过程中蕴含了新创企业战略决策的动态平衡过程。在创业过程中，创业者对周围不确定性环境的感知、资源短缺的感知以及利益相关方压力的感知，使得新创企业呈现出感知性的创业决策逻辑交替控制的波动变化特征，即要么呈现分别以效果推理或因果推理逻辑为主导的决策状态，要么呈现出两种创业决策逻辑组合交互的决策状态，并且伴随着新创企业的成长、发展、壮大。相应的技术产品及市场也越发成熟，各种资源也更加充沛，从而使得两种创业决策逻辑的应用走向稳定，最终达到感知性创业控制的均衡状态。

基于知识基础观考虑知识积累的动力与行为、知识激活、知识整合、知识扩散等相关活动，以及它们对创业者能力和绩效演化的影响。创业者开展各类知识活动的目的在于不断适应动态不确定环境变化的要求，以获得可持续竞争优势。其中，由于因果推理是创业者为应对未来挑战而进行的战略性活动准备，体现在知识活动上就是为储备长期成长性战略所需的各种知识；效果推理则基于创业者所感知的高度不确定性而采取短期探索性行为。根据低成本、差异化与集中化的竞争战略的分类（Porter，1980），集中化战略是将基于特定细分市场的差异化战略和基于规模经济的低成本战略进行融合，而来源于差异化战略的知识累积动力强调的是创业者对于外源知识的获取；低成本战略的知识累积动力则强调对现有知识的整合与创新。创业者的竞争压力的主要来源其对外部环境不确定性的感知，但是不确定的外部环境中也孕育着机会和收益，采取差异化战略就有了实现这一机会收益的可能性，因此创业者会努力获取能够将创业机会转化为增强核心竞争力有关的新知识。如果环境中不存在机会，那么创业者将对现有知识进行整合再利用，沿着经验曲线尽可能降低现有的生产成本。因为无论创业机会多寡，降低生产成本都是企业经营者追求的目标之一，因此创业者需要将低成本战略与差异化战略进行融合。此外，创业者获取外部新知识、进行知识扩散、知识整合等行为，根本目的在于创造并积累新知识，并使之成为创业者知识积累的重要来源。总之，创业者知识累积不仅包括外源性新知识引进、内部现有知识的整合与扩散，还包括内生性的知识创新所产生的新知识。知识通过学习、吸收才可能实现知识的扩散及应用，并最终转化为创新能力。具体的因果关系如图 5-2 所示。

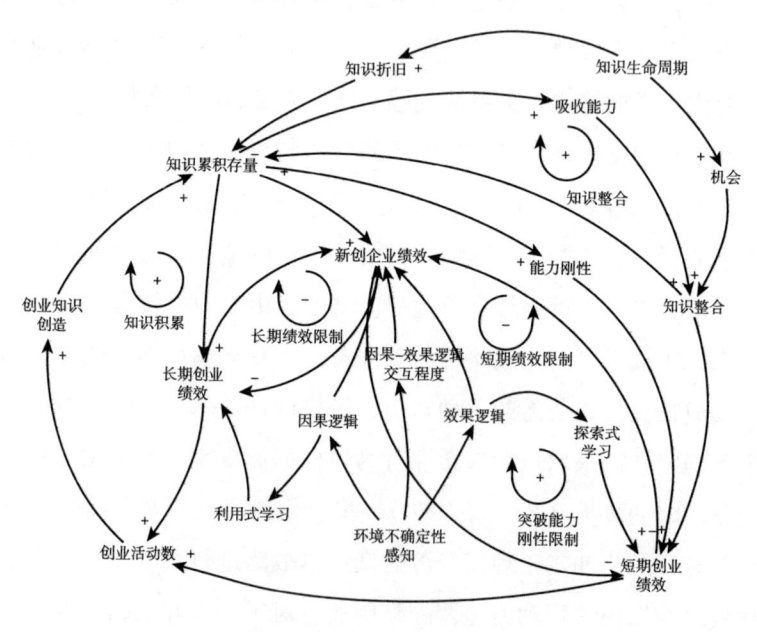

图 5-2 因果关系

5.3.2 主要反馈回路

依据图 5-2 的因果关系，可以厘清创业决策逻辑动态演化系统动力学模型中存在以下主要反馈回路，并对回路的正、负极性进行判断。

(1)（正反馈）知识累积存量→+长期创业绩效→+创业活动数→+创业知识创造→+知识累积存量。

(2)（正反馈）知识累积存量→+能力刚性→+短期创业绩效→+创业活动数→+创业知识创造→+知识累积存量→+能力刚性。

(3)（正反馈）知识累积存量→+吸收能力→+知识获取→+知识累积存量。

(4)（负反馈）环境不确定性感知→因果逻辑→利用式学习→长期绩效→知识累积存量→能力刚性→短期创业绩效→新创企业绩效。

(5)（正反馈）环境不确定性感知→效果逻辑→探索式学习→短期绩效→创业知识创造→知识累积存量→新创企业绩效。

(6)（负反馈）吸收能力→知识获取→新创企业绩效→长期绩效→知识累积存量→能力刚性→知识获取。

由以上因果关系图中存在的主要反馈回路可以看出，系统中既有调节稳定作用的负反馈回路，也有"放大镜"作用的正反馈回路，共同构成了创业决策逻辑动态演化系统这一多重反馈回路。

5.4 模型假设及流图

5.4.1 系统动力学模型假设

本章构建开放式创新视角非核心企业反向知识溢出的系统动力学模型，在研究变量之间逻辑关系构建因果关系图的基础上，根据企业调研数据来设定体现变量间关系的方程及相关参数。

价值扩散对于颠覆性创新优势演化的影响是一个复杂动态模型，通过系统动力学模型可以分析和检验企业颠覆性创新形成过程中不同影响因素的作用机制，进而明确不同后发企业价值扩散效应对其颠覆性创新优势形成演化的影响程度。由此，本章提出以下假设。

（1）本模型不考虑创业决策逻辑的延迟性，即本模型不考虑时间上的延迟影响。

（2）考虑创新企业知识迭代更新较快，本模型考虑知识淘汰对模型的影响。

（3）由于外部环境与环境不确定性感知不同，为了简便模型计算，将两者分开设置。

（4）假设因果推理、效果推理具有初值属性，在模型当中设置相应的初始值。

（5）为简便模型计算，同时遵循系统动力学建模原则，本书将双元逻辑单向及交互关系作为重点研究对象，不考虑其他外在冗余变量的影响。

5.4.2 系统动力学流图构建

根据创业决策逻辑动态演化系统的因果关系图,进一步绘制其系统流图,本章采用仿真工具 Vensim PLE 对系统动力学模型进行运算,设定模型运行的时间跨度为 96 个月。基于运算程序可行性的考虑,对基于环境不确定性感知的双元创业决策逻辑运行演化的因果关系图进行了简化、总结,进一步调整得出系统流图,如图 5-3 所示。

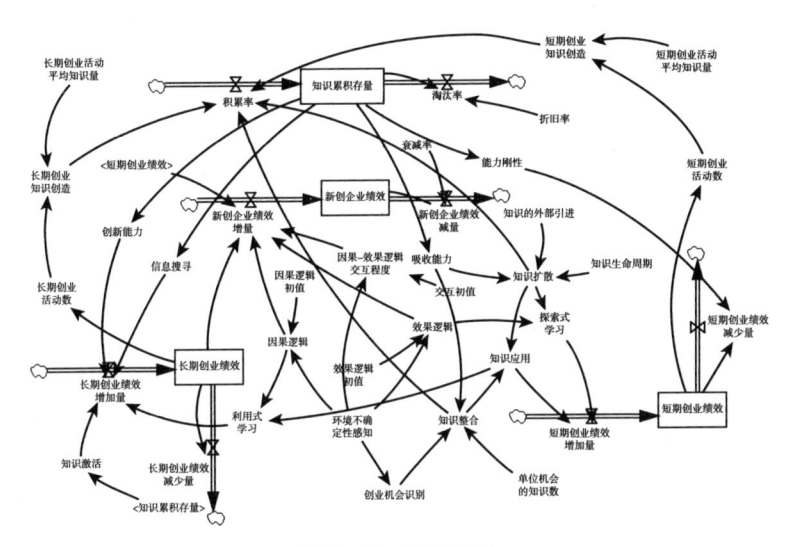

图 5-3 系统流图

5.5 本章小结

本章主要介绍了系统动力学方法及其适用性、理论扩展及框架模型构建,在以上内容基础上构建了系统动力学模型,即因果关系图以及相应的流图,其中系统动力学模型的构建是主要内容。系统动力学流图的建立主要分为三个关键步骤:结合所要研究具体问题的特点,识别对象系统中的流位变量与速率变量;绘制与因果关系图对应的系统动力学流图;确定对象系统的系统动力学流图基本关系式。

接下来的第 6 章将在本章建立的系统动力学模型的基础上,进一步针对模拟分析的仿真过程、模型检验以及结果进行描述与分析。

第6章 创业决策逻辑动态演化仿真过程研究

6.1 系统动力学方程设计

系统动力学方程的设定是系统建模的重要环节，主要是围绕模型中涉及的变量之间的关系进行描述。由于变量关系通常能左右仿真模型的最终演变趋势，因而在建立变量关系时需紧密联系经典理论和现实情况。本章设定的方程及相关参数均立足于高引用频率的文献和笔者所在研究团队前期累积的实地调研资料，具体的方程设计内容可见附录2。

根据5.4.2小节中给出的系统流图，梳理出该系统共包括36个变量。其中，4个流位变量，分别是知识累积存量、新创企业绩效、长期创业绩效、短期创业绩效；8个速率变量，分别是知识累积率、知识淘汰率、新创企业绩效增量、新创企业绩效减量、长期创业绩效增量、长期创业绩效减量、短期创业绩效增量、短期创业绩效减量；18个辅助变量，分别是信息搜寻、创新能力、吸收能力、因果-效果交互程度、因果推理、效果推理、知识流失、知识应用、知识扩散、知识激活、知识整合、短期创业活动数、短期创业知识创造、能力刚性、创业机会识别、长期创业活动数、长期创业知识创造、环境不确定性感知；6个常量，分别是长期创业活动平均知识量、衰减率、外部环境、知识生命周期、知识外部引进、单位创业机会知识数。各系统变量及赋值见表6-1。

表6-1　　　　　　　　系统关键变量性质及赋值

序号	变量名称	变量性质	赋值
1	知识经验累积总量	流位变量	初值设为5
2	新创企业绩效	流位变量	初值设为10
3	长期创业绩效	流位变量	初值设为0
4	短期创业绩效	流位变量	初值设为0
5	知识积累率	流速变量	—
6	知识淘汰率	流速变量	—
7	新创企业绩效增量	流速变量	—
8	新创企业绩效减量	流速变量	—
9	长期创业绩效增量	流速变量	—
10	长期创业绩效减量	流速变量	—
11	短期创业绩效增量	流速变量	—
12	短期创业绩效减量	流速变量	—
13	信息搜寻能力	辅助变量	—
14	创新能力	辅助变量	—
15	吸收能力	辅助变量	—
16	因果-效果交互程度	辅助变量	—
17	因果推理	辅助变量	—
18	效果推理	辅助变量	—
19	知识流失	辅助变量	—
20	知识应用	辅助变量	—
21	知识扩散	辅助变量	—
22	知识激活	辅助变量	—
23	知识整合	辅助变量	—

续表

序号	变量名称	变量性质	赋值
24	短期创业活动数	辅助变量	—
25	短期创业知识创造	辅助变量	—
26	能力刚性	辅助变量	—
27	创业机会识别	辅助变量	—
28	长期创业活动数	辅助变量	—
29	环境不确定性感知	辅助变量	—
30	长期创业活动平均知识量	常量	1
31	长期创业知识创造	辅助变量	—
32	衰减率	常量	0.15
33	外部环境	常量	0.20
34	知识生命周期	常量	5
35	外部知识引进	常量	5
36	单位机会的知识数	常量	1

6.2 创业决策逻辑适应性演化动态仿真

6.2.1 模型检验

基于构建的系统动力学模型以及相关方程、参数设定，运用软件 Vensim PLE 进行仿真分析之前，要先围绕所构建模型与现实的适配性进行检验。本模型主要采用常用的极值检验方法，以测定模型的稳定性和一致性。本书选择知识外部引进这一变量作为模型极值检验的标准变量，检验结果如图 6-1、图 6-2 所示，两图分别表示了知识积累存量在知识外部引进取极值 0、知识外部引进取值为 2 时的动态演化趋势。其中，横轴表示时间（单位为月），纵轴表示知识经验积累总量（单位为知识单位）。由图6-1可知，当知识外部引进为0时，知识存量的积累主要来自企业内部已有知识的吸收和整合，此时知识积累存量随着时间的推进虽然有所累积，但水平较低，直到模拟结束时刻，知识积累存量接近200个知识单位；另外，当知识外部引进为2时，知识积累存量表现出更快的累积趋势，直到模拟结束时刻，知识积累存量达到接近700个知识单位。对比两图可知，知识积累存量动态变化趋势与知识外部引进取极值、正常值时的增长趋势虽然能够保持一致，但是在没有知识外部引进时，知识积累的速度明显要慢，增长幅度要小。总之，从知识积累存量的变化来看，模型具有一定的稳定性，也与现实情况较适配。

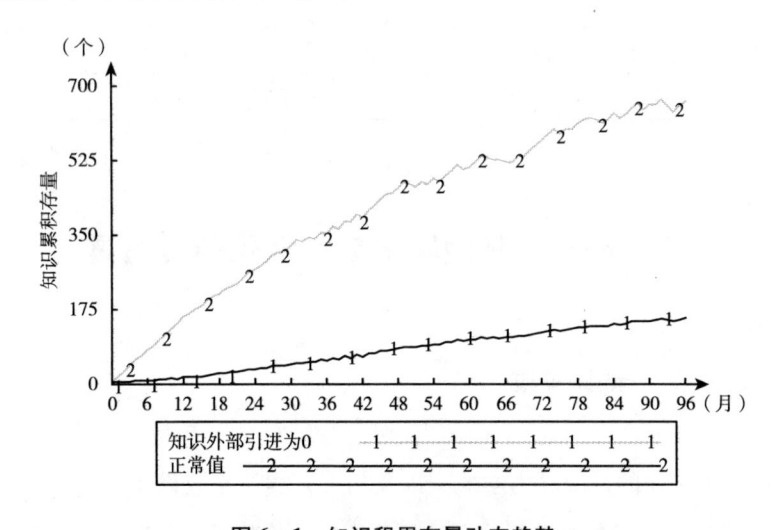

图6-1 知识积累存量动态趋势

同理，如图6-2所示，为短期创业绩效在知识外部引进取极值（知识外部引进为0）、正常值（知识外部引进为2）时的动态演化趋势，其中，横轴表示时间（单位为月），纵轴表示短期创业绩效（单位为绩效单位）。由图6-2可知，当知识外部引进为0时，短期创业绩效表现出先缓慢增减后持续震荡减小的趋势；当知识外部引进为正常值（本书选取2）时，新企业表现出先迅速增加，后急剧减小的变化趋势。由此可知，知识外部引进趋近于极值0时，短期创业绩效的动态变化趋势与知识外部引进取正常值时的演化趋势保持一致，从系统中短期创业绩效的演化来看，模型也具有一定的稳定性与一致性。

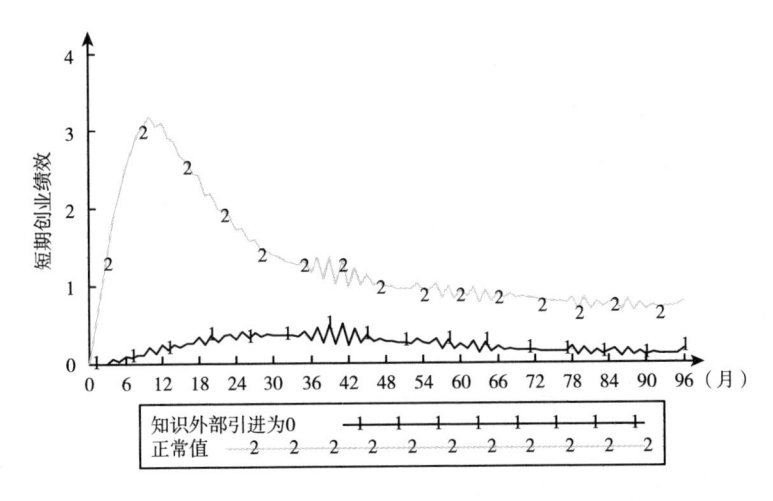

图6-2 短期创业绩效动态趋势

如图6-3所示，为长期创业绩效在知识外部引进取极值（知识外部引进为0）、正常值（知识外部引进为2）时的动态演化趋势图，其中，横轴表示时间（单位为月），纵轴表示长期创业绩效（单位为绩效单位）。由图6-3可知，当知识外部引进为0时，企业长期创业绩效表现出随时间的演进逐渐增加和累积的趋势，到模型模拟结束时，长期创业绩效达到45个绩效单位；另外，当知识外部引进为正常值（本书选取2），长期绩效仍旧表现出随时间增长的变化趋势，模拟结束时，长期创业绩效达到50个绩效单位。由此可知，知识外部引进趋近于极值0时，长期创业绩效的动态变化趋势与知识外部引进取正常值时的演化趋势保持一致，从系统中长期创业绩效的演化来看，模型也具有一定的稳定性与一致性。

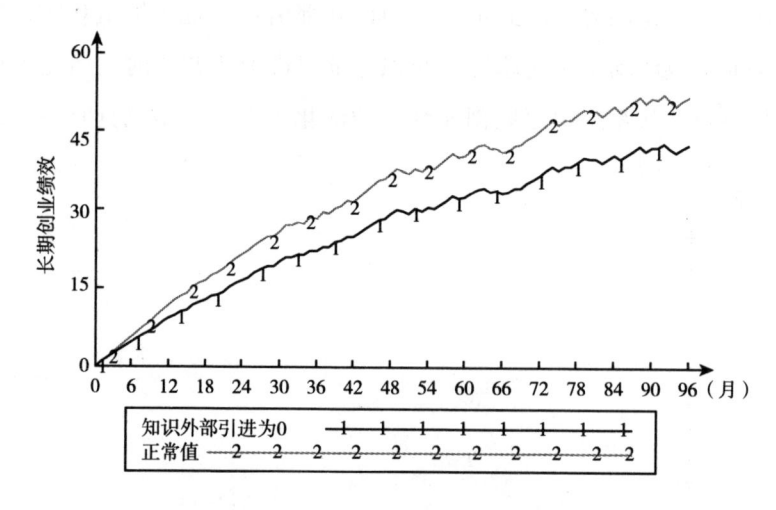

图 6-3　长期创业绩效动态趋势

从以上几个变量的仿真结果来看，这些规律比较符合现实的实际情况，说明模型能够有效刻画创业决策系统中创业决策逻辑以及创业学习、相关创业能力之间的动态演变过程，为将要研究的创业决策逻辑悖论对新创企业相关绩效的动态影响过程机制奠定基础。

6.2.2　仿真运行

本章主要采用 Vensim PLE 软件根据系统流图及相关函数关系对效果推理创业决策逻辑、因果推理创业决策逻辑演化的问题进行模拟仿真分析，模型初始值设定如下：INITIAL TIME = 0，FINAL TIME = 96，TIME STEP = 1，Units for Time = Month。需要指出的是，模型假设为 96 个月，因为本书将不超过 8 年的企业界定为新企业。对系统动力学仿真模型中的关键变量，即知识积累存量、短期创业绩效、长期创业绩效、新创企业绩效、知识淘汰率、知识积累率分别进行仿真分析。

知识积累存量演化如图6-4所示，其中，横轴表示时间（单位为月），纵轴表示知识积累存量（单位为知识单位），新创企业的知识积累存量呈现出增长率逐渐减缓的增长趋势，最终趋向于某一稳定水平。创业初期，创业者及其创办的新创企业知识积累存量水平均较低，随着企业经验累积和对外源知识学习，企业知识积累存量水平稳步提高。知识积累存量增长率呈现出逐渐减缓的趋势，这是因为随着时间的演进，初创期企业与在位的成熟企业之间的知识与经验差距不断缩短，进一步的知识扩张变得更难，相应的知识经验积累率有所减缓。随着知识积累存量积累到一定水平后，此时新创企业由新创期经过成长发展逐渐进入成熟期，此时来自企业外部的有效知识引进会明显减少，使得知识积累存量最终趋于稳定水平，即环境不确定性带来的新知识创造与已有知识折旧的差值逐渐趋近于0。

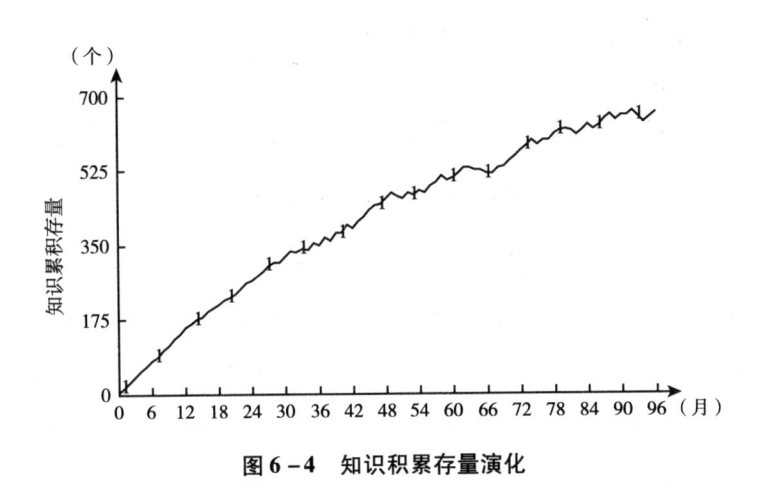

图6-4 知识积累存量演化

短期创业绩效演化如图6-5所示，其中，横轴表示时间（单位为月），纵轴表示知识积累存量（单位为知识单位）。本书在第2章关于新创企业绩效的相关研究的基础上，拟从长期（成长性）绩效和短期（盈利性）绩效两个维度来进行测量。其中，短期绩效针对的是新创企业的短期生存性盈利指标，长期绩效对应的是企业长远的成长性指标。对于新创企业，先活下来是其短期内要面对的目标，特别是在初创期，创业者及其新创企业为了在新市场中活下来，更加在意短期盈利性业绩，因此短期绩效演化出现初期快速增长的趋势。随着创业时间的增加，生存问题逐渐解决，创业者及其新创企业开始考虑更多的是成长与发展问题，此时创业者会更加关注新创企业的成长性指标，因此短期绩效水平开始下降并逐渐趋于稳定状态。

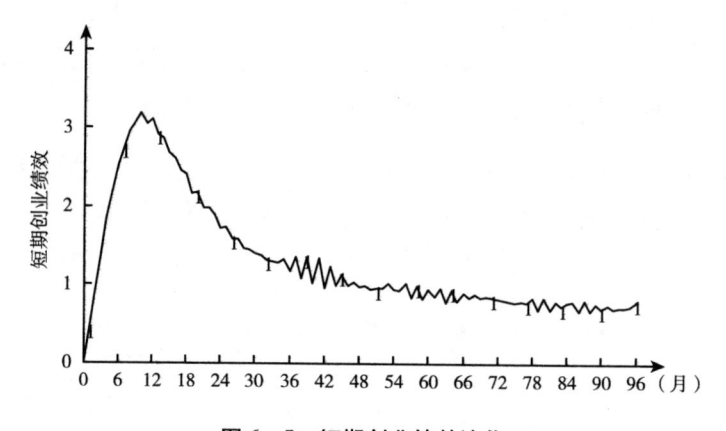

图 6-5　短期创业绩效演化

长期创业绩效演化如图 6-6 所示，其中，横轴表示时间（单位为月），纵轴表示长期创业绩效（单位为绩效单位），长期创业绩效也呈现出增长率逐渐减缓的增长趋势，最终趋向某一稳定水平。随着创业时间的增加，长期创业绩效先保持一定速率的提升，然后呈现出增长率逐渐减小的增长趋势。初创期，对于新创企业，生存性压力相比成长性压力更大，所以初创期新创企业的短期生存性绩效相对增长迅速。随着创业活动的推进，新创企业的生存不再成为问题，此时创业者考虑和关注更多的是新创企业的长期潜在成长性问题,因此,长期创业绩效前期呈现出持续增长的趋势,只是增长幅度低于短期创业绩效;后期的增长速度逐渐放缓,甚至出现小幅度波动,然后进入稳定期。

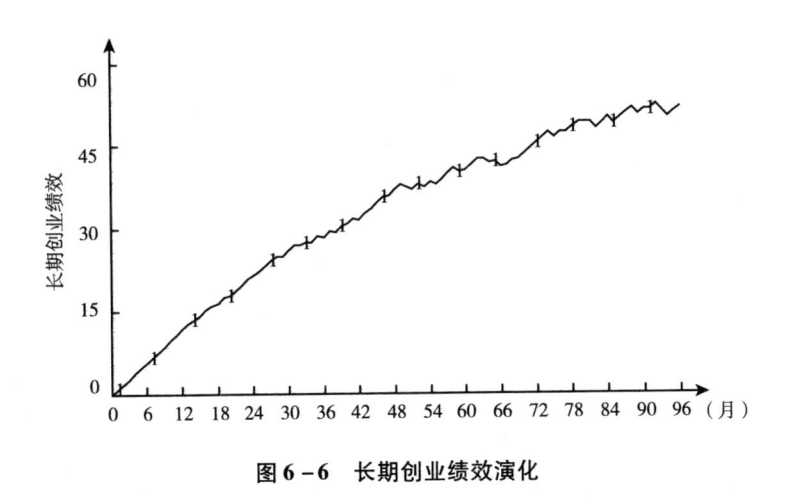

图 6-6　长期创业绩效演化

新创业绩效演化如图 6-7 所示,其中,横轴表示时间(单位为月),纵轴表示新创企业绩效(单位为绩效单位),新创企业绩效也呈现出增长率逐渐减缓的增长趋势。新创企业绩效水平取决于新创企业的长期绩效和短期绩效的加总。在初创期,新创企业的生存压力更显著,短期财务性绩效增长迅速,此时新创企业的长期非财务性绩效较低。随着新创企业逐渐进入成长期及快速发展期,生存压力逐渐缓解,成长性潜力要求新创企业不断提升长期非财务性绩效水平,此时短期绩效迅速降低,而长期绩效开始大幅度提升。因此,新创企业绩效的变化趋势整体表现为持续增长的态势,在稳定增长阶段,偶尔有小波动,这可能是短期绩效的不佳或是长期绩效的不足造成的,但是长期来看,总的新创企业绩效整体表现出波动不大的稳定增长趋势。

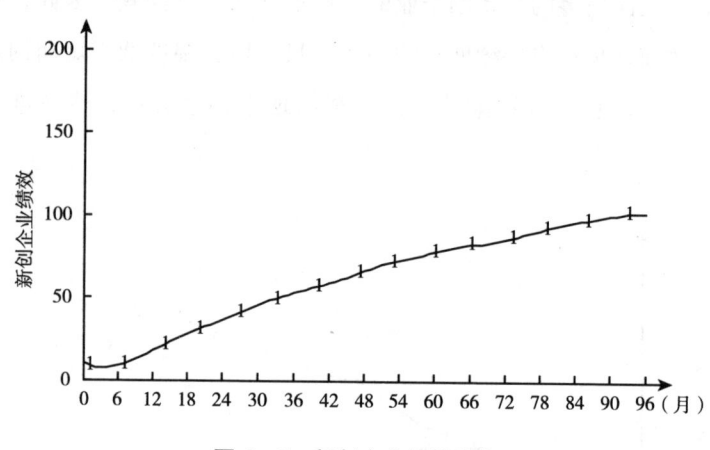

图 6-7 新创企业绩效演化

知识经验淘汰率演化过程如图 6-8 所示，其中，横轴表示时间（单位为月），纵轴表示百分比数值。对于新创企业，由于处于初创期，所以面临大量知识经验的快速更迭，因此知识淘汰率表现出较大幅度的震荡，并且整体趋势是小幅度的逐渐增长，直到经过一段时间发展，新创企业经历了成长、扩张直到趋于稳定时，整体知识淘汰率水平会趋于稳定，其震荡幅度也随之不断减小。

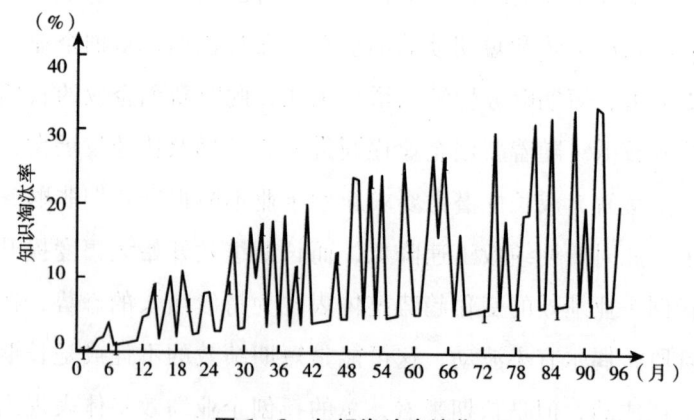

图 6-8 知识淘汰率演化

知识积累率演化如图 6-9 所示，其中，横轴表示时间（单位为月），纵轴表示百分比数值。对于新创企业，在初创期，虽然大量知识经验快速更迭，但是新创企业的知识积累率的总体表现较为稳定，即使震荡也是在较高水平保持小幅度波动。经过了一段时间发展，新创企业经历了成长、扩张直到成熟阶段，新创企业整体知识积累率水平会趋于更加稳定，其震荡幅度也随之不断减小。

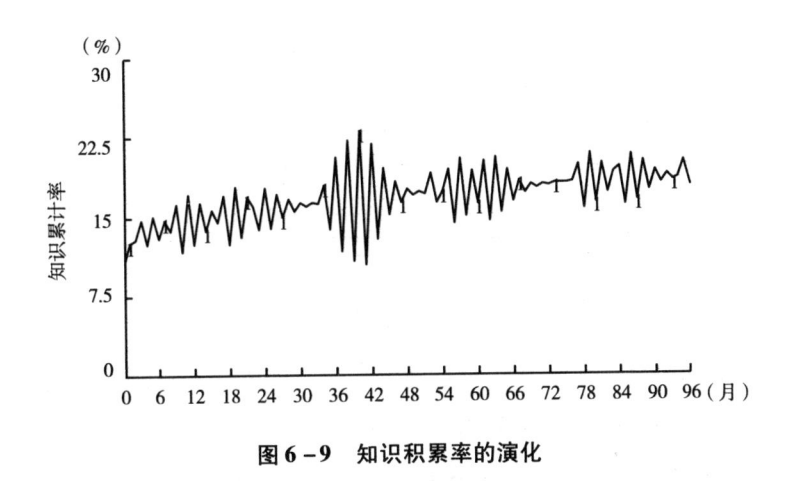

图 6-9 知识积累率的演化

6.2.3 灵敏度检验

如图 6-10 所示，为新创企业绩效水平随着两种创业决策逻辑的交互程度变化而变化的趋势。图 6-10 中，横轴表示时间（单位为月），纵轴为新创企业绩效（单位为绩效单位）；图中共展现了三条线，线上标识 1、2、3 的分别表示交互程度取 0.2、0.5 和 0.7 三种情况。从图 6-10 中可以看出，呈现的变化趋势为随着两种决策逻辑的交互程度的增加，新创企业绩效呈现出先增加后降低的变化趋势，这说明两者的交互作用过大或者过小都不如数值居中或适宜时，数值适度时，新创企业绩效的表现最佳。这与第 4 章实证分析部分的结论是吻合的。

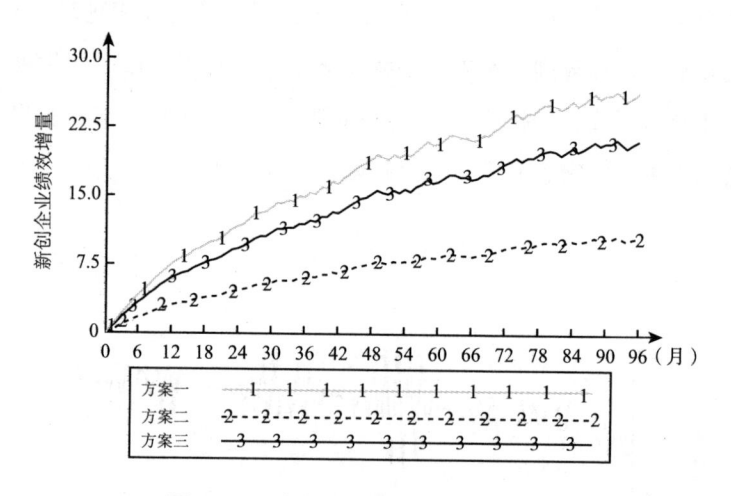

图 6-10　新创企业绩效的灵敏度仿真

如图 6-11 所示，为长期创业绩效水平随着因果推理变化而变化的趋势。图 6-11 中，横轴表示时间（单位为月），纵轴为长期绩效（单位为绩效单位）；图中共展现了四条线，线上标识 1、2、3、4 分别表示因果推理取值为 0.1、0.2、0.6 和 0.7 四种情况。根据前文的描述，长期绩效主要是指新创企业的非财务性绩效，反映的是新创企业的成长性。从图 6-11 中可以看出，呈现的长期非财务性绩效水平变化趋势为随着因果推理程度的增加，呈现出先增加后降低的变化趋势，这说明因果推理的作用过大或者过小都不如数值居中或适度时，数据适度时，新创企业的长期非财务性绩效的表现最佳。这一变化趋势也与第 4 章实证分析部分的结论是吻合的。因果推理水平过高会影响新创企业面对奈特不确定环境时的权变性和柔性，因果推理水平过低则以为新创企业过于依赖效果推理，"指哪打哪"的策略会影响新创企业绩效目标的达成。

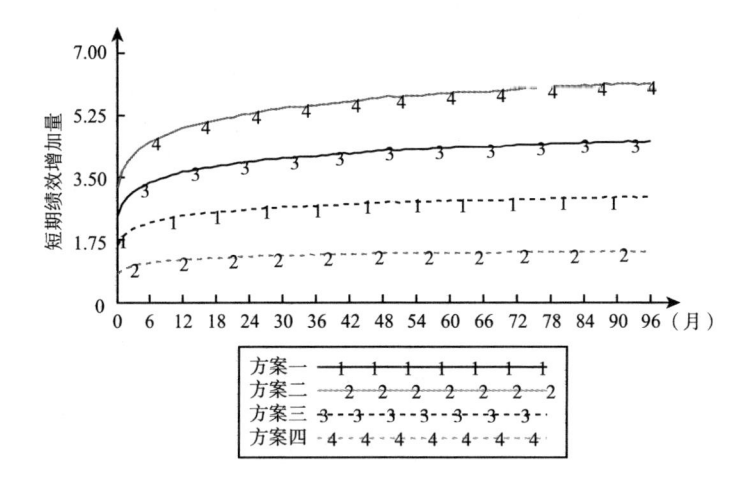

第 6 章 创业决策逻辑动态演化仿真过程研究

图 6-11 长期绩效的灵敏度仿真（1）

如图 6-12 所示，为短期创业绩效水平随着效果推理变化而变化的趋势。图 6-12 中，横轴表示时间（单位为月），纵轴为短期绩效（单位为绩效单位）；图中共展现了四条线，线上标识 1、2、3、4 分别表示因果推理取值为 0.1、0.2、0.6 和 0.7 四种情况。从图 6-12 中可以看出，呈现的变化趋势为随着效果推理逻辑水平的增加，新创企业的短期绩效呈现出先增加后降低的变化趋势，这与第 3 章、第 4 章实证分析部分的结论是吻合的，说明效果推理逻辑水平取值过大或者过小都不如数值居中或适宜时，数据居中时，新创企业的短期绩效表现最佳。

如图 6-13 所示，为长期创业绩效水平随着环境不确定性感知变化而变化的趋势。图 6-13 中，横轴表示时间（单位为月），纵轴为长期绩效（单位为绩效单位）；图中共展现了四条线，标识 1、2、3、4 的线分别表示环境不确定性感知水平取值分别为 0.35、0.45、0.55 和 0.65。从图 6-13 中可以看出，新创企业长期绩效所呈现的变化趋势为随着环境不确定性感知水平的增加，长期绩效也呈现出逐渐增加的变化趋势，这可能是由于随着环境不确定性感知的增强，效果推理在双元创业决策逻辑悖论中逐渐占据主导位置，而该逻辑着眼于新创企业的长期成长性潜力，因此，随着效果推理逻辑水平的增强，体现新创企业成长性的长期非财务性绩效水平也呈现出逐渐增长的趋势。

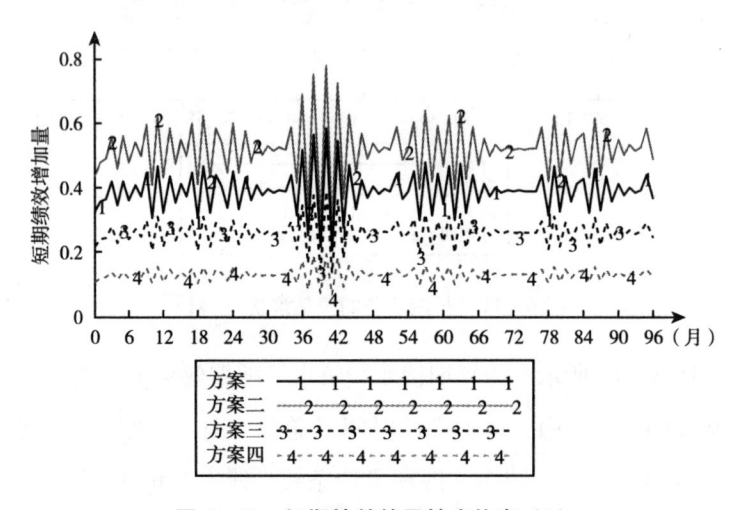

图 6-12　短期绩效的灵敏度仿真（1）

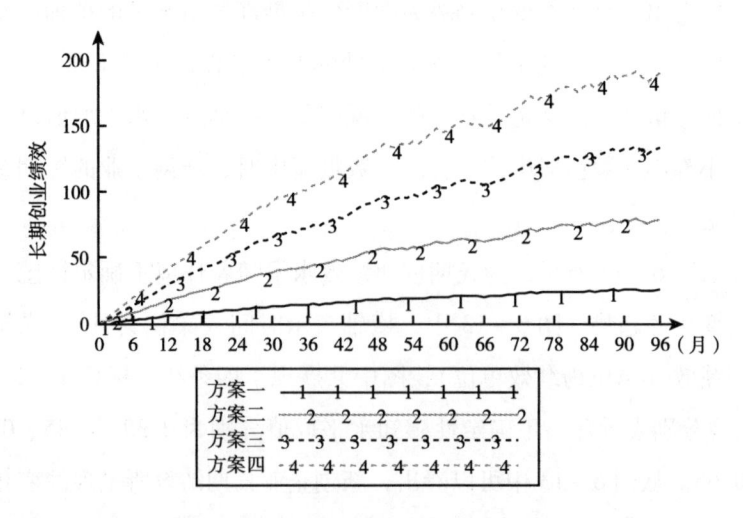

图 6-13　长期绩效的灵敏度仿真（2）

如图 6-14 所示，为短期创业绩效水平随着环境不确定性感知变化而变化的趋势。图 6-14 中，横轴表示时间，单位为月，纵轴为短期绩效，单位为绩效单位；图中共展现了四条线，标识 1、2、3、4 的线分别依次表示因果推理取值为 0.35、0.45、0.55 和 0.65。从图 6-14 中可以看出，新创企业短期绩效整体所呈现的变化趋势呈现出先增后减的变化趋势，而且这种变化波动水平随环境不确定性感知的增加而变弱。这可能是由于随着环境不确定性感知的增强，因果推理在双元创业决策逻辑悖论中逐渐占据主导位置，而该逻辑着眼于新创企业的短期财务性绩效表现，随着新创企业逐渐进入成长成熟期，追求短期财务绩效以环节生存压力的诉求逐渐淡化，因此短期绩效的整体变化是随着时间而先增后减。而同一时期，环境不确定感知水平越大，短期绩效水平越低。

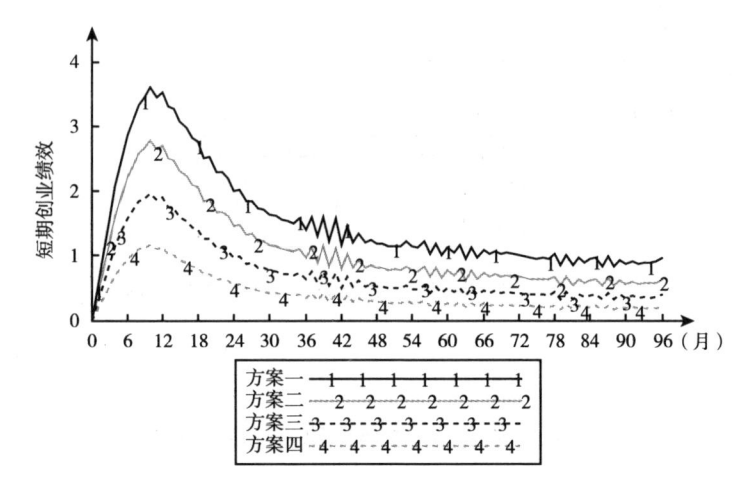

图 6-14　短期绩效的灵敏度仿真（2）

如图 6-15 所示，为两者交互程度随着环境不确定性感知变化而变化的趋势。图 6-15 中，横轴表示时间（单位为月），纵轴为交互程度；图中共展现了四条线，标识 1、2、3、4 的线分别表示环境不确定性取值为 0.35、0.45、0.55 和 0.65。从图 6-15 中可以看出，因果推理、效果推理的交互水平变化趋势为随着环境不确定性感知水平的增加，呈现出逐渐增强变化趋势，而当处于同一个环境不确定性感知水平时，两种逻辑的交互程度随时间推移整体变化不大。这是由于随着环境不确定性感知的增强，无论哪种创业决策逻辑占据主体地位，两者的交互程度均需要不断增强，通过两者的交互与协同更好地对抗环境不确定性带来的挑战和危机，此时创业者需要根据环境的动态变化形式不断地调整创业决策逻辑的比重，扬长避短，实现协同效应的最大化。

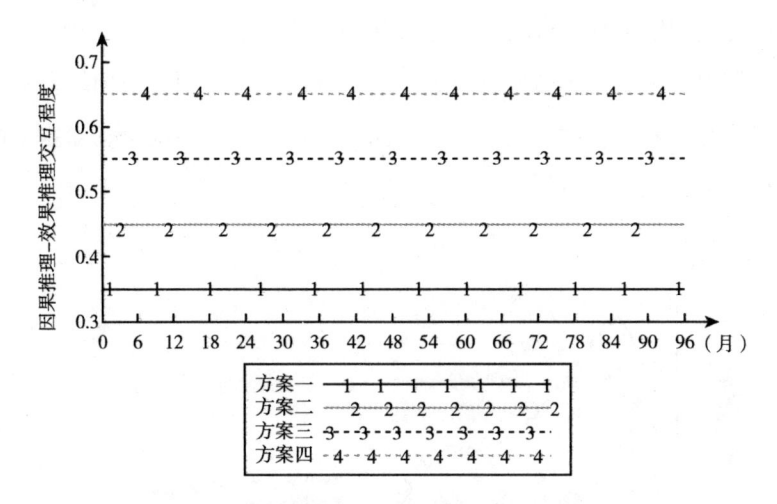

图 6-15　因果推理—效果推理交互的灵敏度仿真

6.3　系统运行仿真结果分析

6.3.1　研究结论

本章以动态能力理论、效果推理理论以及复杂系统理论为基础，

第6章 创业决策逻辑动态演化仿真过程研究

综合考虑知识累积总量、因果推理、效果推理、效果－因果交互、探索式学习、利用式学习、长期成长性绩效、短期财务性绩效、吸收能力、资源整合能力、创新能力、环境不确定感知等概念，梳理以上变量之间的因果关系并建构了系统动力学模型，通过对系统动力学模型的仿真分析，对基于环境不确定性感知的效果推理、因果推理以及两者的交互对新创企业绩效的动态演化过程进行模拟仿真，并得到以下结论。

（1）双元创业决策逻辑在共存共生阶段，既没有出现某种决策逻辑一直占据主导地位的情况，也没有两种决策逻辑简单的取值居中的情形，而是呈现出两种创业决策逻辑积极互动的"螺旋式"动态平衡状况。处于这种动态平衡状况不仅有利于提升新创企业绩效，而且可以更好地帮助创业者抵抗不确定性，缓解创业企业面临的新创弱性。通过创业决策逻辑动态平衡机制的构建，不仅证实了以往研究中关于两种创业决策逻辑可以共生共存的结论，而且回答了两者以怎样的方式共生共存，这在一定程度上是对效果推理理论以及组织双元理论的丰富与补充。

已有研究认可了效果推理、因果推理是一对双元概念，但是缺少两者共存及平衡机制的探讨，特别是针对效果推理与因果推理的平衡关系动态演化过程的探索。本书则弥补了上述研究的不足，并且从动态视角总结了双元创业决策逻辑悖论对于各种绩效的影响机制，以及在这一过程中悖论的动态平衡状态不仅有利于提升新创企业的短期财务性绩效，提高生存率，还有助于提升长期的成长性（非财务性）绩效，提高新创企业的发展潜力和成长性，从而更好地帮助创业者抵抗不确定性，缓解新创企业面临的新创弱性。

以效果推理、因果推理与新创企业绩效之间的非线性关系为基础，为构建创业决策逻辑悖论管理的动态平衡机制提供了新思路并奠定了重要的理论基础。主要依照因果推理逻辑进行决策的创业者通常利用自身的创业警觉性来对创业机会进行搜寻，并围绕新的创业机会开展调研分析，在此基础上进行市场定位，明确创业目标，进而制订商业计划，同时选择最优资源组合保障既定目标的实现。在这一过程中，创业者倾向于根据实际情况选择匹配的思维模式，并决定效果推理和因果推理在决策过程中的组合与平衡模式，既注重两种逻辑交互对绩效的非线性效应，也把握某个时段创业活动所遵循的重点逻辑，为创业者决策提供更多具有可能性的选择。仅仅依靠因果推理或效果推理则会导致缺乏结果推理以及无法比较不同选择的情况（Agogue，2015）。因此，动态视角下因果推理和效果推理动态演进及平衡机制的构建为创业者提供了更加全面的决策。总之，创业决策逻辑演化过程是因果推理与效果推理战略定位的转换，新创企业需要通过创业决策逻辑的动态演变实现合理的创业绩效，甚至取得创业成功。

（2）从系统思维视角出发，通过动态能力、创业学习、知识管理等因素环节的作用，构建了创业者应对创业决策逻辑悖论的动态模型，将效果推理与因果推理的平衡矛盾关系嵌入创业过程中及各项创业活动中，利用阴阳转化相生的思路在矛盾要素间实施双向动态转换，以及通过双元创业决策逻辑悖论之间的演化循环机制，实现创业决策逻辑悖论矛盾要素之间的长期协同增效。在创业决策过程中，既关注并利用效果推理的非预测性的、兼顾柔性的快速迭代式决策方式，又重视并有机融合因果推理的目标驱动的、理性实现最优资源组合为最终目标的决策模式。从长期动态性视角验证了效果推理、因果推理这两种创业决策逻辑与相关绩效的非线性作用。验证了创业决策过程应该是一种涉及自我调节和反馈的动态平衡过程状态，在创业决策过程中，其中一种逻辑在某些时候可能占主导地位，而且这种主导逻辑也会随着创业历程而发生变化（Reymen et al.，2016）。

创业者在面对效果推理、因果推理这一对创业决策逻辑悖论时，如果在有效辨识创业决策逻辑悖论矛盾要素之间的区别的同时，能构建起创业决策逻辑悖论之间的动态平衡机制，并进行有差别的资源分配，则能够更好地发挥悖论的协同效应，推动创业学习，促进吸收能力、整合能力以及创新能力等动态能力的不断提升，从而构建起新创企业的动态核心竞争优势。因此，采取开放行为激发创新激情、吸收前沿知识、关注创意想法以寻求突破，同时采取闭合行为进行团队牵引、利用成熟知识、强调一致性创意推进创新实施，实现创新悖论要素的兼顾。将平衡矛盾关系嵌入组织，推动团队长期创新实现，实现矛盾要素协同增效。

悖论管理本身是复杂的，且悖论会随着时间推移持续存在，对领导者持久有效地保持平衡矛盾关系提出挑战（Jarzabkowski et al.，2013；Calabretta et al.，2017）。这就要求创业者持续的在矛盾要素间进行灵活转换协调，将平衡矛盾关系嵌入创新管理过程中，维持动态平衡（Knight & Harvey，2015）。

6.3.2 实践启示

以上研究结论对于新开办企业及创业者、相关政府部门制定创新创业扶持性政策等均有一定的启示和借鉴意义。

（1）作为创业者应该学会与悖论共存，要学会接受悖论，识别和发现悖论的潜在逻辑，直面创业决策逻辑悖论要素之间的冲突，意识到悖论要素之间的内在联系，利用并挖掘悖论的潜力（罗肖依和孙黎，2018）。作为创业者在创业过程中应该自觉应用阴阳哲学思维，正确认知并理性对待创业决策过程中最主要的两种决策逻辑——效果推理与因果推理。

在已有的悖论研究中，学者们也普遍认为接受悖论是形成悖论管理良性循环的基础（Smith and Lewis，2011）。对创业者来说，对悖论的接受使其能够不断抓住并专注于激发创造力的契机，继而带领新创企业不断创新突破，提升创新效率（Waldman et al.，2019）。反之，创业者个体如果由于认知等方面的差异原因，无法正确认识悖论要素间的逻辑，而是以过去固有的印象和观点认为悖论是创业决策过程中的效果推理逻辑和因果推逻辑是冲突对立要素，为保持稳定性，抑制矛盾对立关系，或是由于管理能力缺乏而忽视现存矛盾问题，放任其存在，对客观存在的悖论要素的抗拒或忽视均可能造成矛盾要素相互制约，悖论管理陷入恶性循环的（Jarzabkowski et al.，2013）。

（2）悖论要素之间动态平衡过程涉及矛盾要素之间的双向动态转换，创业者应主动将双元创业决策逻辑悖论管理的动态平衡机制嵌入创业决策逻辑及认知过程中，通过这一动态平衡机制的不断被触发，激励从业者反思形成创业决策逻辑范围的条件以及结果，有利于创业者在以上问题思考中提升创业决策过程中的动态能力，有利于实现新创企业各项能力及绩效的获得与提升（罗瑾琏等，2021）。

效果推理逻辑与因果推理逻辑属于矛盾统一的悖论关系，两者相互依赖、相互促进，整体产生协同效应。悖论是客观存在的，不可能自动消失，而且还会持续存在，因此创业者在积极接受创业决策悖论的基础上，主动将悖论要素之间形成的持续动态平衡机制嵌入到管理决策过程中，并且要在这两种创业决策逻辑的动态平衡机制的构建与运行中不断提升创业者及其新创企业的动态能力，使得两种逻辑之间能够视环境及约束情况实现灵活转换，这也是创业者的关键创业能力之一。具备这一能力的创业者及其新创企业不仅能够掌握效果推理逻辑和因果推理逻辑协同机制，而且可以掌握随着时间推移的双元创业决策逻辑悖论的转换机制。

6.4 本章小结

本章主要是针对本次研究的动态仿真模拟结果汇报。采用 VENSIM PLE 软件，以 96 个月为研究期限，对 5.3.1 小节、5.4.2 小节中逻辑演绎得到的系统因果关系图及流图进行仿真模拟。本章主要包括三个主要部分：首先，以创业决策逻辑动态演化系统的系统外变量外部知识引进为基准变量，采用极值检验方法检验了本次研究所构建的系统动力学模型的有效性，结果表明模型通过了有效性检验；其次，采用 VENSIM PLE 软件对模型进行仿真模拟，通过所构建的系统动力学模型对系统关键变量的趋势变化，并对灵敏度进行仿真分析；最后，结合仿真模拟结果与现有研究成果，讨论动态视角下双元创业决策逻辑悖论的适应性演化研究的结论及观点，以及由结论得到的实践启示。

第 7 章　结论与展望

在当前愈加动态复杂的环境下，创业者及其新创办的企业要面对的外部环境愈加充满不可预测的不确定性，创业者如何快速作出合理决策并付诸行动，是新创企业应对不确定性挑战，并实现生存乃至成长的关键性问题。基于此，本书在综合组织双元性理论、效果推理理论、阴阳观理论以及动态能力理论等理论基础上，将双元创业决策逻辑视作一对悖论，并分析总结了悖论矛盾要素在四个维度上的相生相克关系，进而对该悖论的矛盾要素与新创企业绩效之间的静态关系以及影响机理进行了分析与检验，证实了两者之间的非线性关系以及环境不确定性感知的调节作用；基于系统动力学视角探索并检验了效果推理逻辑、因果推理逻辑在创业决策过程中对新创企业绩效的非线性影响过程，提出了悖论视角下的双元创业决策逻辑的动态平衡机制，为创业者及其新创企业在创业决策过程中核心能力与关键绩效的提升给出理论借鉴与实践启示。

7.1　主要工作与创新点

7.1.1　主要工作

在当前中国转型时期的新经济背景下，创新创业均面临更大的挑战，新创企业作为新进入者的劣势，以及环境不确定性程度的日益动态化和复杂化，本书分别从静态和动态两个视角围绕创业者在创业决策过程采取的主要决策逻辑及其交互的效能机制问题展开研究，进行的主要研究工作包括以下几个方面。

（1）辨析了双元创业决策逻辑是符合阴阳观思维下的悖论要素条件。当今企业面临越来越多的管理悖论，惯例与创新、稳定与变革、授权与分权、企业文化与经营业绩、关心任务与关心人、短期利益与长远发展等，以上这些管理实践中存在的悖论问题仅借助西方的管理思想并不能从根本上得以解决。作为东方哲学文化的精髓，阴阳观理论的内涵中所包括的系统论和辩证法等思想为解决管理实践中的悖论问题提供了有效的理论指导和启示，对面临环境多样性和复杂性的组织处理管理实践中的悖论问题具有重要的现实意义。

（2）从静态研究视角检验了创业决策逻辑与绩效之间的非线性效应。毕竟效果推理逻辑强调的是新企业在不确定环境下面临"新创弱性"时的有效决策逻辑，所以目前的大部分研究更多的是关注其积极效果，忽略了可能存在的消极影响，并且局限于探讨效果推理逻辑与结果变量之间的直线关系，尚未有研究探索效果推理逻辑与绩效之间的曲线关系。根据"过犹不及"效应（邢璐等，2018），某一因素的积极影响是存在临界点的，超过临界点积极影响会呈现边界递减现象，甚至会产生消极作用。因此可见，原本对组绩效有利的所谓"积极"变量在到达临界点之后，积极效应可能会消失，甚至产生消极影响，最终可能呈现出"U"型或是倒"U"型的非线性关系（Pierce & Aguinis，2013）。而且已有研究发现其中一种逻辑——效果推理或者因果推理——在某些时候可能占主导地位，但同时也发现对效果推理或因果推理的强调会随着创业历程而发生变化。在创业历程中，效果推理和因果推理不仅以不同的方式同时发生，而且以不同的方式重新发生（Reymen et al., 2016）。

（3）从系统整体观视角出发，利用系统动力学方法进一步探索了效果推理、因果推理对新创企业绩效影响的动态效应，并揭示了双元创业决策逻辑在创业决策过程中的动态平衡与演化过程，以创业决策逻辑动态演化系统的系统外变量外部知识引进为基准变量，采用极值检验方法检验模型的有效性，并采用 VENSIM PLE 软件对模型进行仿真模拟，通过所构建的系统动力学模型对系统关键变量的趋势变化进行估计，并对灵敏度进行仿真分析。根据仿真模拟数值结果并结合已有的研究成果，讨论动态视角下双元创业决策逻辑悖论随时间演化的适应性过程，提出了悖论视角下随时间推移的双元创业决策逻辑动态平衡机制，以及由此得出作为创业者应主动识别并接受悖论，并利用创业决策逻辑悖论要素之间的持续动态平衡机制来不断提升新创企业的各项能力及绩效。

7.1.2 主要创新点

基于以上所总结的主要研究工作，本书的创新之处主要体现在以下三点。

（1）界定了双元创业决策悖论关系，并对这一关系的内涵进行解析，通过对效果推理、因果推理四个维度的相生相克以及转化机制的探索，丰富了悖论管理在创业决策领域的应用。悖论属于元理论，广泛地存在于管理领域当中。已有相关研究普遍采用阴阳思维来解决管理中的悖论问题，这些研究为管理领域存在的管理悖论问题研究提供了重要的理论借鉴。现有的文献对于整个创业决策过程中效果推理与因果推理双元关系的探讨局限于分离机制的探讨，相对而言，忽略了悖论视角下创业者个体认知层面上两种创业决策逻辑之间相互补充和转化的关系,也忽略了双元创业决策逻辑实现的适应性和一致性。可见,已有研究认可双元创业决策逻辑存在着既对立又共存的悖论关系,但是如何面对这一悖论并推进创业绩效的提升缺少解答与研究。悖论视角下的双元创业决策逻辑研究有利于形成对效果推理理论形成更为全面的认识,有助于跳出两种决策逻辑比较研究的窠臼,推进效果推理理论发展具有重要意义,这也是本书重要的理论创新之处。

(2) 把阴阳思维引入创业领域,建立了悖论视角下的双元创业逻辑决策与新创企业绩效非线性效应机制的概念模型。前人对效果推理和因果推理两种创业决策逻辑之间的关系的研究充满争议,已有的研究中大多数认可效果推理逻辑对相关绩效的正面作用,较少涉及其"阴暗面",实际上,悖论视角下的双元创业决策逻辑并非面对"二选一"的传统思维,而是"二者皆"的逻辑,本书为突破创业决策逻辑的矛盾与张力,摸索本土化创业决策的可持续整体动态平衡路径及其有效机理。两种逻辑的四个维度之间具有类似于竞争与合作、创新与稳定、探索与利用等之间的相生相克的关系,因此本书从阴阳平衡视角出发,同时借鉴双元构念,聚焦创业决策逻辑存在的悖论问题,探索双元创业决策逻辑可能存在的非线性关系,提出了效果推理、因果推理、两者交互对新创企业绩效的非线性关系的假设,以及环境不确定性感知对以上非线性关系的调节作用的研究假设。采用探索性因子分析结合验证性因子分析对以上假设进行了验证。研究结果不仅证实了双元创业决策逻辑的非线性效应,而且丰富了效果推理理论和阴阳悖论理论。

(3) 从系统整体观视角提出了创业决策逻辑应用过程的系统动力学方法,并利用这一动态仿真方法深入研究双元创业决策逻辑的动态持续性平衡问题。本书不仅从动态视角赋予双元创业决策逻辑悖论以更长的时间周期探究其适应性演化过程,而且引入了创业学习、创业知识、动态能力的相关变量，体现了我国道家哲学中"道生一，一生二，二生三，三生万物"的观点，探究三元甚或更多主体的关联是系统思维的关键所在。持续的动态平衡是悖论视角下双元创业决策逻辑在认知上的深化，研究结果不仅进一步证实了效果推理、因果推理及两者交互与新创企业绩效之间的非线性关系，而且揭示了双元创业决策逻辑在创业过程中的共生共存、相互融合的互动关系，通过两者的互动推进新企业持续学习和知识的获取与应用，以及推动吸收能力、创新能力等动态能力的发展，最终克服不确定性的影响，实现新创企业长短期绩效的提升，增加创业成功概率。

7.2 管理启示

基于上述主要工作及创新之处，本书对于创业过程及创业决策实践启示可总结为以下两点。

（1）本书在借鉴已有研究中所提出的整体性、辩证性和动态性等"阴阳范式"特性的基础上（Fang，2011；李平，2013），利用实证研究方法并基于"阴阳范式"的整体性、动态性、对立统一性等特性，将效果推理和因果推理视为阴阳两面，并探索两者之间相互作用、相辅相成和动态平衡关系对创业过程相关绩效产生的影响，丰富了"阴阳范式"理论在创业决策领域的应用。实证研究结果显示：在直接效应上，悖论的阴阳矛盾要素与结果变量的相关关系是相反的，一个正相关，则另一个负相关。在交互效应上，阴阳矛盾要素均能缓解另一方矛盾要素与结果变量的关系，即阴阳作用不同甚至相反，但通过互动成就了和谐的整体，直观地体现了阴阳观的过犹不及思想。创业者在创办新企业的过程中，不仅如之前研究所揭示的，不能对双元创业决策逻辑中的任何一方产生路径依赖，而且要掌握好两者之间的相生相克关系的"度"，创业者要持有"中庸之道"，懂得扬长避短，在创业过程中不仅要不断提升创业者同时驾驭两种创业决策逻辑的能力，而且要灵活机动地面对不同创业决策逻辑在不同外部环境下的效用。并且类似于探索与利用之间的关系，因果推理和效果推理也会争夺各种资源，如注意力、时间和稀缺资源。新创企业在根据从外部感知到的环境不确定性而遵循因果推理和效果推理不同创业决策逻辑时，作为创业者应重视新创企业内部的阴阳平衡，合理分配注意力和时间，优化决策及管理方式。

（2）本书利用系统动力学仿真方法针对动态视角下因果推理和效果推理动态演进及平衡机制的探索，进一步深刻揭示了阴阳观视角下双元创业决策逻辑悖论在创业过程中存在共生共存、相互融合的互动关系，说明效果推理和因果推理作为阴阳两面既对立又统一，既相互矛盾又相互补充，表现为相生相克的关系。证实了效果推理和因果推理在不同条件下呈现出相互冲突或者是互补的关系。通过双元创业决策逻辑之间的互动可以推进新创企业的持续创业学习，而且可以推动吸收能力、创新能力等动态能力的发展，通过这些能力的提升反过来帮助创业者克服不确定性，更加理性地进行创业决策。创业决策逻辑演化过程是因果推理与效果推理战略定位的转换，创业者可以通过创业决策逻辑的动态演变实现合理的创业绩效，甚至取得创业成功。因此在创业决策过程中，创业者应接受并拥抱悖论，所谓接受悖论是指创业者不仅能够直面悖论两极的冲突需求，而且充分认识到悖论要素间相互依赖、相互促进的关系，适应这种冲突关系并与之共存。与此同时，清晰悖论的矛盾要素与创业学习、创业能力等变量之间的因果关系，利用好悖论以助力创业决策逻辑发挥效用，促使相关绩效的提升。

（3）创业者要主动建立基于阴阳观和悖论观的整合性思维方式，快速清晰地识别双元创业决策逻辑相生相克的表现，积极面对这些悖论要素及其表现形式，并实现悖论要素之间的协同共生以及与相关绩效的协同增长。

在充满不确定的环境中，组织核心竞争优势更多的是来自其对众多纷繁复杂构成要素进行协调平衡的动态能力，使得这些要素能够协同耦合，不断驱动企业创新成长。强调矛盾要素共存平衡的悖论理论要求企业在管理实践中正确面对并解决遇到的悖论问题。作为创业者，要主动建立阴阳思维模式，快速清晰地识别可能存在的悖论要素。例如，创业决策过程中双元创业决策逻辑就是一对悖论要素。一方面，双元创业决策逻辑悖论中的矛盾双方存在此消彼长的相克关系；另一方面，它们之间也存在相互依存的相生关系。而且，从动态视角出发，可认为这一对悖论关系中的双方在一定条件下呈现出可相互转化的动态平衡关系。如果创业者不能主动建立基于阴阳理论的悖论观，就会在遇到常见的悖论问题时采取回避或者抵制的态度，这反而会影响决策质量以及经营绩效。只有接受并积极面对这些悖论问题及现象，才有可能实现悖论要素之间的动态平衡状态，使得新创企业在资源受限的情况下实现绩效的不断提升，以新创企业的生生不息为导向去面对各种悖论问题及现象。

总之，中国传统的阴阳哲学在解决管理悖论方面有着广泛应用。本书也证实了阴阳观哲学理论在创业领域是适用的。阴阳哲学思想一方面强调悖论关系中的双方存在此消彼长的相克关系，另一方面也强调了它们之间相互依赖的相生关系。而且从动态视角出发，该哲学思想还强调悖论关系中的双方在一定条件下呈现出可相互转化的动态平衡关系。因此，在各类管理实践中应将阴阳观这一哲学思想自觉应用于管理者的日常管理中，辩证地看待管理工作实践中存在的各种悖论

第7章 结论与展望

现象,并运用科学理性的看法解决悖论问题,不断增强我们的文化自信心。

7.3 不足与展望

本书所构建的理论模型是在阴阳观理论视角下分别探讨效果推理、因果推理、两者交互对新创企业绩效的非线性影响,并分析了环境不确定性感知对创业决策逻辑与新创企业绩效之间关系的调节作用,在此基础上提出假设,进行了实证分析与检验。在静态的实证检验这部分,研究结论可能受到样本数据的影响。首先是被调研的样本范围和规模,本书主要针对华东地区部分城市的新创企业进行调研,有效总样本量为203个,主要通过网上调查、个人关系与实地调研的方式收集数据,根据相关文献,样本数量已达到了实证分析的基本要求。但从模型所涉及的变量而言,此样本量并未达到最佳样本量。其次是样本问卷的设计、借鉴与数据的填答等问题。本书的主要量表采用的均是已有文献中的成熟量表,但是在问卷收集过程中不可避免地存在问卷填写者的主观性对问卷的有效性带来的误差。因此,量表的可靠性和有效性还有待于更多的相关研究进行不断的完善与验证。

在动态研究中,由于系统动力学模型构建与指标选择相关依据主要来自研究文献及企业调研,对于变量的选择以及参数的设定不可避免地存在主观性偏差,同时基于模型简化的考虑,对变量影响因素以及模型运行的前提条件考虑不够细致和完整,如对新创企业绩效的影响因素仅考虑了决策逻辑、知识变量、能力变量,忽视了其他可能存在影响的变量(如人、财、物等)。这些复杂影响因素加入将大幅度提升系统构建的难度，使得模型运行面临困难，本书忽略了这部分可能的影响变量。因此，未来的研究可以更全面地考虑新创企业绩效的相关影响因素，使得所构建的系统动力学模型能够更好地与企业现实相匹配。

附录1 调查问卷

尊敬的先生/女士：

您好！

非常感谢您在百忙之中参与南京航空航天大学经济与管理学院的问卷调查，本问卷旨在了解创业者及其新创办的企业在创业过程中所遵循的创业决策逻辑相关问题。本问卷只用于学术研究，绝不涉及商业目的，且对您所提供的一切信息严格保密。感谢您的参与和支持！

为了能帮助您更好地回答本问卷，请您在填写中注意以下事项：

1. 全面答题。由于您的回答对本书至关重要，我们会非常珍视您对每项问题的回答。

2. 据实填写。本问卷采用匿名调查方式，答案没有对错之分，恳请您根据本单位的真实情况和您个人的真实感受来答题。

3. 请勿多选。问卷中的所有问题均为单选题，每个问题只能选择一个答案，请您在您认为最符合的选项上划"√"，答案"1~5"表达您对题项的看法，1表示完全不同意，2表示不太同意，3表示不确定，4表示比较同意，5表示完全同意。

同时，我们向您郑重承诺：本次问卷调查所取得的资料仅供学术研究，我们将恪守科学研究的道德规范，对您的回答绝对保密，不以任何形式向任何人透露有关贵单位的商业信息和您的个人回答。

如果您对本研究感兴趣，请您留下邮箱＿＿＿＿＿＿＿＿＿＿＿，我们将把研究结果通过邮箱反馈给您。

本次问卷调查占用了您宝贵的时间，对于您的参与、支持和贡献，我们表示由衷的感谢！

第一部分　个人与单位基本情况

（说明：请根据您的实际情况在相应的选项上打"√"或填答，您个人和单位的资料仅供学术分析之用，绝对保密，请放心填写。）

1. 您的性别：A. 男　　　B. 女
2. 您的年龄：A. 20 岁以下　B. 21～25 岁　C. 26～30 岁
   　　　　　　D. 31～35 岁　E. 36～40 岁　F. 40 岁以上
3. 您的学历：

   A. 大专以下　B. 大专　C. 本科　D. 硕士　E. 博士
4. 您是目前所在公司的创办者（之一）吗？A. 是　B. 不是
5. 您目前的工作职位：

   A. 一般员工　B. 基层管理者　C. 中层管理者　D. 高层管理者
6. 您之前是否有过创业经历？A. 是　　B. 否
7. 您之前是否有过与创业项目类似的工作经历？A. 是　　B. 否
8. 贵单位员工人数：A. 50 人以下　B. 50～100 人

   C. 101～200 人　D. 201 人以上　E. 1001～5000 人

   F. 5000 人以上
9. 贵单位所属行业：

   A. 制造业　B. 生物制药　C. 软件开发　D. 电子通信　E. 金融

   F. 房地产　G. 医疗保健　H. 批发零售　I. 连锁销售　J. 食品

K. 建筑业　　L. 文化娱乐　　M. 交通运输　　N. 旅游业　　O. 咨询

P. 化工　　Q. 冶金　　R. 其他

10. 您所在企业的成立时间距今：A. 不足 3 年

B. 满 3 年，但不足 5 年　　C. 满 5 年，但不足 8 年　　D. 8 年以上

第二部分　效果推理逻辑

1. 试验

题　项	不同意————→同意 1　2　3　4　5
(1) 我们现在提供的产品/服务与我们最初想象的大不相同	□　□　□　□　□
(2) 我们会采取实验的方式，尝试不同的方法，直到找到一种行之有效的商业模式	□　□　□　□　□
(3) 我们采用试验方法尝试各种想法	□　□　□　□　□

2. 可承受损失

题　项	不同意————→同意 1　2　3　4　5
(1) 我们很小心，不会投入超出我们承受能力的资源	□　□　□　□　□
(2) 我们很小心，不要冒太大的风险，如果事情不顺利，那么公司会在财务上陷入麻烦	□　□　□　□　□
(3) 我们谨慎地投入资源，并且投入的资源不超过企业能承受的损失范围	□　□　□　□　□

3. 柔性

题 项	不同意————→同意
	1　2　3　4　5
(1) 我们允许业务开展随着新机遇的出现而进行适应性调整	□　□　□　□　□
(2) 我们会经常根据手头现有的资源情况调整接下来的工作	□　□　□　□　□
(3) 我们非常灵活地进行机会掌握与获取	□　□　□　□　□
(4) 我们避免采取可能会限制我们灵活性和适应性的行动	□　□　□　□　□

4. 先前承诺

题 项	不同意————→同意
	1　2　3　4　5
(1) 我们积极与客户、供应商等建立合作伙伴关系，甚至提前获得他们对项目的认同	□　□　□　□　□
(2) 我们尽可能提前获得相关客户或供应商的预先承诺	□　□　□　□　□
(3) 我们希望通过与客户、供应商等建立合作伙伴关系，以降低不确定性	□　□　□　□　□

第三部分　因果推理逻辑

1. 目标导向

题 项	不同意————→同意
	1　2　3　4　5
(1) 从长远角度分析未来可能的机会，并选择能够提供最佳回报的项目	□　□　□　□　□
(2) 根据事先设定目标决定具体创业活动，并确定所需的手段或资源	□　□　□　□　□
(3) 我们会针对经营战略进行详细规划	□　□　□　□　□
(4) 我们有计划有目的地组织、实施、控制运营过程，以确保达到目标	□　□　□　□　□

2. 竞争分析

题 项	不同意 ——→ 同意 1 2 3 4 5
(1) 我们研究并选择目标市场以及相应的顾客，并对竞争对手进行分析	☐ ☐ ☐ ☐ ☐
(2) 我们会通过深入的市场分析及调研识别各种风险	☐ ☐ ☐ ☐ ☐
(3) 我们会在深入系统的市场调研之后再作出决策	☐ ☐ ☐ ☐ ☐
(4) 我们很重视通过市场调研和竞争分析对早期风险进行预测和识别	☐ ☐ ☐ ☐ ☐

3. 避免意外

题 项	不同意 ——→ 同意 1 2 3 4 5
(1) 强调未来的可预测性，对不确定性持消极态度并尽量规避	☐ ☐ ☐ ☐ ☐
(2) 企业经营过程中就算有新情况，也不会影响我们既定目标的达成	☐ ☐ ☐ ☐ ☐
(3) 我们非常重视没有延迟的完成经营目标	☐ ☐ ☐ ☐ ☐

4. 预期回报

题 项	不同意 ——→ 同意 1 2 3 4 5
(1) 考虑预期回报对创业项目的选择至关重要	☐ ☐ ☐ ☐ ☐
(2) 预期回报是创业活动中进行决策的决定性因素	☐ ☐ ☐ ☐ ☐
(3) 我们通过衡量预期回报率来决定资金支出	☐ ☐ ☐ ☐ ☐

第四部分　环境不确定性感知

1. 环境动态性

题　项	不同意────→同意 1　2　3　4　5
（1）顾客需求和偏好变化越来越难以预测	□　□　□　□　□
（2）本行业产品和服务更新很快	□　□　□　□　□
（3）本行业技术进步很快	□　□　□　□　□
（4）顾客要求越来越高	□　□　□　□　□
（5）公司发展所需的资源越来越难获取	□　□　□　□　□

2. 环境敌对性

题　项	不同意────→同意 1　2　3　4　5
（1）竞争对手的行为难以琢磨	□　□　□　□　□
（2）外部环境竞争压力越来越大	□　□　□　□　□
（3）供应商力量越来越强	□　□　□　□　□
（4）竞争对手的行为越来越多样化	□　□　□　□　□

第五部分　新创企业绩效

1. 财务绩效（短期绩效）

题　项	不同意────→同意 1　2　3　4　5
（1）与主要竞争对手相比，本公司的净资产收益率水平较高	□　□　□　□　□
（2）与主要竞争对手相比，本公司的市场份额增长速度较快	□　□　□　□　□
（3）与主要竞争对手相比，本公司的销售额增长速度较快	□　□　□　□　□

2. 非财务绩效（长期绩效）

题 项	不同意————→同意
	1　2　3　4　5
（1）与主要竞争对手相比，本公司的新产品（服务）发展较好	□　□　□　□　□
（2）与主要竞争对手相比，本公司成功地拓展了业务范围	□　□　□　□　□
（3）与主要竞争对手相比，本公司员工数量增长速度较快	□　□　□　□　□

本问卷填答到此结束，请您检查所有题项是否均已作答，谢谢！

再次感谢您的帮助，祝您工作顺利，身体健康，家庭幸福！

附录2 系统动力学模型方程

(01) FINAL TIME = 96

(02) INITIAL TIME = 0

(03) SAVEPER = TIME STEP

(04) TIME STEP = 1

(05) 交互初值 = 0

(06) 信息搜寻 = 知识累积存量 × 0.04

(07) 创新能力 = 知识累积存量 × 0.02

(09) 吸收能力 = 2^(− (1/知识累积存量))

(10) 单位机会的知识数 = 1

(11) 因果 − 效果推理交互程度 = 交互初值 + 环境不确定性感知

(12) 因果推理 = 因果推理初值 + 环境不确定性感知

(13) 因果推理初值 = 0.2

(14) 环境不确定性感知 = RANDOM UNIFORM(− 1,1,1)

(15) 知识外部引进 = 5

(16) 知识生命周期 = 5

(17) 知识流失率 = IF THEN ELSE(ABS(外部环境) > = 0.5, IF THEN ELSE(ABS(外部环境) > = 0.75,0.05,0.03),0.01)

(19) 效果推理 = 效果推理初值 + 环境不确定性感知

(20)效果推理初值 = 0.2

(21)新创企业绩效 = INTEG(新创企业绩效增量 − 新创企业绩效减量,10)

(22)新创企业绩效减量 = 新创企业绩效 × 衰减率

(23)新创企业绩效增量 =(短期创业绩效 + 长期创业绩效)× IF THEN ELSE(因果推理 <= 0.5,(0.5 − 因果推理),因果推理 − 0.5)× IF THEN ELSE(效果推理 <= 0.5,(0.5 − 效果推理),效果推理 − 0.5)× IF THEN ELSE(0.4 <= "因果 − 效果推理交互程度":AND:"因果 − 效果推理交互程度" <= 0.6,0.5,ABS("因果 − 效果推理交互程度" − 0.5))× 100

(24)淘汰率 = 折旧率 × 知识累积存量

(25)外部环境 = 0.2

(26)知识应用 =(知识扩散 + 知识整合)× 0.01

(27)知识扩散 = 吸收能力 × 知识外部引进 × 知识生命周期

(28)知识激活 = 知识累积存量 × 0.03

(29)知识累积存量 = INTEG(积累率 − 淘汰率,5)

(30)知识整合 = 单位机会的知识数 × 吸收能力 × 创业机会识别

(31)短期创业活动平均知识量 = 1

(32)短期创业活动数 = IF THEN ELSE(短期创业绩效 >= 0.2,1,0)

(33)短期创业知识创造 = 短期创业活动平均知识量 × 短期创业活动数

(34)短期创业绩效 = INTEG(短期创业绩效增加量 − 短期创业绩效减少量,0)

(35)短期创业绩效减少量 = 短期创业绩效 × 能力刚性 × 2

(36)短期创业绩效增加量 = 5 × 知识应用 × IF THEN ELSE(探索式学习 >= 0.5,(1 − 探索式学习),探索式学习)

(37) 知识积累率 = 0.5 × (知识扩散 + 长期创业知识创造 + 短期创业知识创造 + 知识整合)

(38) 能力刚性 = 1 - 2^(- 知识累积存量 × 0.001)

(39) 衰减率 = 0.15

(40) 创业机会识别 = SMOOTH3I (IF THEN ELSE (外部环境 > 0.75,2,1),2 ,0)

(41) 长期创业活动平均知识量 = 1

(42) 长期创业活动数 = 0.2 × 长期创业绩效

(43) 长期创业知识创造 = 长期创业活动平均知识量 × 长期创业活动数

(44) 长期创业绩效 = INTEG (长期创业绩效增加量 - 长期创业绩效减少量,0)

(45) 长期创业绩效减少量 = IF THEN ELSE (ABS(外部环境) > = 0.5, IF THEN ELSE(ABS(外部环境) > = 0.75, 长期创业绩效 × 0.05, 长期创业绩效 × 0.03), 长期创业绩效 × 0.01)

(46) 长期创业绩效增加量 = (创新能力^0.0115 × 信息搜寻^0.038 × 知识激活^0.062) × IF THEN ELSE(利用式学习 < = 0.5,(0.5 - 利用式学习),利用式学习 - 0.5) × 10

参考文献

[1] 陈志军, 徐鹏, 唐贵瑶. 企业动态能力的形成机制与影响研究——基于环境动态性的调节作用 [J]. 软科学, 2015, 29 (5): 59 - 62.

[2] 丁栋虹. 创业管理 [M]. 北京: 清华大学出版社, 2006.

[3] 杜运周, 张玉利, 任兵. 展现还是隐藏竞争优势: 新企业竞争者导向与绩效 U 型关系及组织合法性的中介作用 [J]. 管理世界, 2012 (7): 96 - 107.

[4] 樊建锋, 盛安芳, 赵辉. 效果推理与因果推理: 两类中小企业创业者的再验证——环境不确定性感知与创业自我效能感的调节效应 [J]. 科技进步与对策, 2021, 38 (7): 38 - 47.

[5] 葛宝山, 谭凌峰, 生帆, 等. 创新文化、双元学习与动态能力关系研究 [J]. 科学研究, 2016, 34 (4): 630 - 640.

[6] 郭润萍, 陈海涛, 蔡义茹, 等. 战略创业决策逻辑的理论基础、类型分析与研究框架构建 [J]. 外国经济与管理, 2017, 39 (5): 33 - 45.

[7] 蓝海林, 宋铁波, 曾萍. 情境理论化: 基于中国企业战略管理实践的探讨 [J]. 管理学报, 2012, 9 (1): 12 - 16.

[8] 雷正良. 矛盾理论的创新与和谐社会的建构 [J]. 上饶师范学院学报, 2008, 28 (1): 5 - 8.

[9] 李大元. 企业环境不确定性研究及其新进展 [J]. 管理评论, 2010, 22 (11): 81-87.

[10] 李海, 熊娟, 朱金强. 情绪对个体创造力的双向影响机制——基于阴阳观的视角 [J]. 经济管理, 2016 (10): 100-113.

[11] 李海舰, 李文杰, 李然. 新时代中国企业管理创新研究——以海尔制管理模式为例 [J]. 北京: 经济管理, 2018 (7): 5-19.

[12] 李怀祖. 管理研究方法论 [M]. 西安: 西安交通大学出版社, 2004.

[13] 李平. 中国本土管理研究与中国传统哲学 [J]. 管理学报, 2013, 10 (9): 1249-1261.

[14] 林强. 基于新创企业绩效决定要素的高科技企业孵化机制研究 [D]. 北京: 清华大学, 2003.

[15] 刘济浔. 新创企业决策逻辑的研究 [D]. 杭州: 浙江工业大学, 2020.

[16] 罗瑾琏, 唐慧洁, 李树文, 等. 科创企业创新悖论及其应对效应研究 [J]. 管理世界, 2021, 37 (3): 105-122, 128.

[17] 罗肖依, 孙黎. 从悖论元理论看知行合一 [J]. 清华管理评论, 2018 (4): 89-95.

[18] [美] 奈特. 风险、不确定性与利润 [M]. 安佳, 译. 北京: 商务印书馆, 2010.

[19] 苏涛永, 陶丰烨. 效果推理与因果推理: 哪种决策逻辑更有效?——一项基于 Meta 分析的研究 [J]. 科学学与科学技术管理, 2019, 40 (8): 87-97.

[20] 孙春艳, 王凤彬. 创业决策的后效理论研究动态 [J]. 经济学动态, 2016 (10): 118-127.

[21] 王乐, 龙静. 不同环境下效果推理、因果推理与创业拼凑的关系——基于阴阳观视角 [J]. 科学学与科学技术管理, 2019, 40 (9): 101-118.

[22] 王玲玲, 赵文红, 魏泽龙. 因果推理和效果推理对新企业新颖型商业模式设计的影响: 环境不确定性的调节作用 [J]. 管理评论, 2019, 31 (1): 90-100.

[23] 王其藩. 系统动力学 [M]. 上海: 上海财经大学出版社, 2009.

[24] 温忠麟, 侯杰泰, 张雷. 调节效应与中介效应的比较和应用 [J]. 心理学报, 2005, 37 (2): 268-274.

[25] 温忠麟, 吴艳. 潜变量交互效应建模方法演变与简化 [J]. 心理科学进展, 2010, 18 (8): 1306-1313.

[26] 武立东, 王凯, 黄海昕. 组织外部环境不确定性的研究述评 [J]. 管理学报, 2012, 9 (11): 1712.

[27] 邢璐, 孙健敏, 尹奎, 等. "过犹不及"效应及其作用机制. 心理科学进展, 2018 (4): 1-12.

[28] 许萍, 陈锐. 演化视角下的组织学习与惯例变异——企业动态能力的提升机制研究 [J]. 科技进步与对策, 2009, 26 (12): 85-89.

[29] 杨俊, 张玉利, 刘依冉. 创业认知研究综述与开展中国情境化研究的建议 [J]. 管理世界, 2015 (9): 158-169.

[30] 于晓宇, 陶奕达. 效果推理研究前沿探析与未来展望 [J]. 预测, 2018, 37 (6): 73-80.

[31] 曾萍, 宋铁波, 蓝海林. 环境不确定性、企业战略反应与动态能力的构建 [J]. 中国软科学, 2011 (12): 128-140.

[32] 张秀娥, 张坤. 创业导向对新创社会企业绩效的影响——

资源拼凑的中介作用与规制的调节作用 [J]. 科技进步与对策, 2018 (9): 91-99.

[33] 张玉利, 田新, 王瑞. 创业决策: Effectuation 理论及其发展 [J]. 研究与发展管理, 2011, 23 (2): 48-57.

[34] 张玉利, 赵都敏. 手段导向理性的创业行为与绩效关系 [J]. 系统管理学报, 2009, 18 (6): 631-637.

[35] 赵云辉, 赵传莉, 于美鲲. 感知环境不确定性情境下跨边界者的知识转移: 角色压力还是动力? [J]. 中国人力资源开发, 2021, 38 (7): 75-91.

[36] 钟榴, 余光胜, 潘闻闻. 从目标导向逻辑到手段导向逻辑——初创企业产品创新流程决策 [J]. 科研管理, 2019, 40 (6): 205-214.

[37] AGOGUÉ M, LUNDQVIST M, MIDDLETON K. Mindful deviation through combining causation and effectuation: A design theory-based study of technology entrepreneurship [J]. Creativity and Innovation Management, 2015, 24 (4): 629-644.

[38] ALSOSG A, TOMMY H C, HYTTIU, et al. Entrepreneurs' social identity and the preference of causal and effectual behaviors in start-up processes [J]. Entrepreneurship & Regional Development, 2016, 28 (3-4): 234-258.

[39] ALVAREZ S A, BARNEY J B. How do entrepreneurs organize firms under conditions of uncertainty? [J]. Journal of Management, 2005, 31 (5): 776-793.

[40] AN W, CHARLES-CLEMENS RÜLING, ZHENG X, et al. Configurations of effectuation, causation, and bricolage: implications for firm growth paths [J]. Small Business Economics, 2020, 54 (3): 843-864.

[41] AN W, RÜLING C C, ZHENG X, et al. Configurations of effectuation, causation, and bricolage: implications for firm growth paths [J]. Post-Print, 2019.

[42] ANDRIOPOULOS C, LEWIS M W. Exploitation-exploration tensions and organizational ambidexterity: Managing paradoxes of innovation [J]. Organization Science, 2009, 20 (4): 696-717.

[43] ANHA P T T, BAUGHN C C, HANG N T M, et al. Knowledge acquisition from foreign parents in international joint ventures: an empirical study in Vietnam [J]. International Business Review, 2006, 15 (5): 463-487.

[44] ARAGÓN-CORREA J A, SHARMA S. A contingent resource-based view of proactive corporate environmental strategy. Academy of Management Review, 2003, 28 (1): 71-88.

[45] BALA B B K, ARSHAD F M, NOH K M. System dynamics: modelling and simulation [M]. Singapore: Springer, 2017.

[46] BARKEMA H G, CHEN X P, GEORGE G, et al. West meets east: New concepts and theories [J]. Academy of Management Journal, 2015, 58 (2): 460-479.

[47] BARNEY J B. Firm resources and sustained competitive advantage [J]. Journal of Management, 1991, 17 (1): 99-120.

[48] Beard D D W. Dimensions of organizational task environments [J]. Administrative Science Quarterly, 1984, 29 (1): 52-73.

[49] BERENDS H, JELINEK M, REYMEN I, et al. Product innovation processes in small firms: combining entrepreneurial effectuation and managerial causation [J]. Journal of Product Innovation Management, 2014, 31 (3): 616-635.

[50] BETTIS R, HITT M A. Dynamic core competences through meta-learning and strategic context [J]. Journal of Management, 1996, 22 (4): 549 - 569.

[51] BIGGADIKE E R. Corporate diversification: Entry, strategy and performance, Boston: Division of research, graduate school of business administration [D]. Cambridge: Harvard University, 1979.

[52] BORDIA P, HUNT E. PAULSEN N, et al. Uncertainty during organizational change: Is it all about control? [J]. European Journal of Work & Organizational Psychology, 2004, 13 (3), 345 - 365.

[53] BRETTEL M, MAUER R, ENGELEN A, et al. Corporate effectuation: Entrepreneurial action and its impact on R&D project performance [J]. Journal of Business Venturing, 2012, 27 (2): 167 - 184.

[54] BRINCKMANN J, GRICHNIK D, KAPSA D. Should entrepreneurs plan or just storm the castle? A meta-analysis on contextual factors impacting the business planning-performance relationship in small firms [J]. Journal of Business Venturing, 2010, 25 (1): 24 - 40.

[55] BURGELMAN, ROBERT A. Strategy as vector and the inertia of coevolutionary lock-in. [J]. Administrative Science Quarterly, 2002.

[56] BURKS A W. Chance, cause, reason: An inquiry into the nature of scientific evidence [J]. Philosophical Review, 1979, 88 (3): 500 - 502.

[57] BUSENITZ L W, BARNEY J B. Differences between entrepreneurs and managers in large organizations: Biases and heuristics in strategic decision-making [J]. Journal of Business Venturing, 1997 (12): 9 - 30.

[58] CAI L, GUO R, FEI Y, et al. Effectuation, exploratory

learning and new venture performance: evidence from China [J]. Journal of Small Business Management, 2017, 55 (3): 388 – 403.

[59] CALABRETTA G, GEMSER G, WIJNBERG N. The interplay between intuition and rationality in strategic decision making: A paradox perspective [J]. Organization Studies, 2017 (38): 365 – 401.

[60] CARPENTER M A, FREDRICKSON J W. Top management teams, global strategic posture, and the moderating role of uncertainty. Academy of Management Journal, 2001, 44 (3): 533 – 545.

[61] CAVAZOS D E, PATEL P, WALES W. Mitigating environmental effects on new venture growth: The critical role of stakeholder integration across buyer and supplier groups. Journal of Business Research, 2012, 65 (9): 1243 – 1250.

[62] CHAE B, BLOODGOOD J M. The paradoxes of knowledge management: An eastern philosophical perspective [J]. Information and Organization, 2006 (16): 1 – 26.

[63] CHANDLER G N, DETIENNE D R, MCKELVIE A, et al. Causation and effectuation processes: A validation study [J]. Journal of Business Venturing, 2011, 26 (3): 375 – 390.

[64] CHANDLER G N, HANKS S H. Measuring the performance of emerging businesses: A validation study [J]. Journal of Business venturing, 1993, 8 (5): 391 – 408.

[65] CHANDLER G N, JANSEN E. The founder's self-assessed competence and venture performance [J]. Journal of Business venturing, 1992, 7 (3): 223 – 236.

[66] CHATTERJEE S, PRICE B. Regression analysis example [M]. New York: Wiley, 1991.

[67] CHEN M J, MILLER D. Competitive attack, retaliation and performance: An expectancy-valence framework [J]. Strategic Management Journal, 1994, 15 (2): 85 – 102.

[68] CHEN M J, MILLER D. West meets east: Toward an Am bicultural approach to management [J]. Academy of Management Perspectives, 2010, 24 (4): 17 – 24.

[69] CHEN M J, SU K H, TSAI W. Competitive tension: The awareness-motivation-capability perspective [J]. Academy of Management Journal, 2007, 50 (1): 101 – 118.

[70] CHENG C. Chinese philosophy and contemporary human communication theory//Lawrence D. Communication Theory: Eastern and Western Perspectives [M]. San Diego: Academic Press, 1987.

[71] CHOI Y R, PHAN P H. Exploration, exploitation, and growth through new product development: the moderating effects of firm age and environmental adversity [J]. Ieee Transactions on Engineering Management, 2014, 61 (3): 428 – 37.

[72] COOPER A C, GIMENO-GASCON F J, WOO C Y. Initial Human and Financial capital as predictors of new venture performance [J]. Journal of Business Venturing, 1994, 9 (5): 371 – 395.

[73] COVIN J G, SLEVIN D P. Strategic management of small firms in hostile and benign environments [J]. Strategic Management Journal, 1989, 10 (1): 75 – 87.

[74] DA COSTA A, BRETTEL M. Employee effectuation: What makes corporate employees act like entrepreneurs? [J]. Frontiers of Entrepreneurship Research, 2011, 31 (17): 555 – 565.

[75] DAFT R L, WEICK K E. Toward a model of organizations as

interpretation systems [J]. Academy of Management Review, 1984, 9 (2): 284 -302.

[76] DELIGIANNI I, VOUDOUNIS I, LIOUKAS S. Do effectuation processes shape the relationship between product diversification and performance in new ventures? [J]. Entrepreneurship Theory & Practice, 2017, 41 (3): 891 -893.

[77] DEW N, READ S, SARASVATHY S, et al. Effectual versus predictive logics in entrepreneurial decision-making: Differences between experts and novices [J]. Journal of Business Venturing, 2009, 24 (4): 287 -309.

[78] DEW N, SARASVATHY S, READ S, et al. Affordable loss: behavioral economic aspects of the plunge decision [J]. Strategic Entrepreneurship Journal, 2009, 3 (2): 105 -126.

[79] DOWNEY H K, SLOCUM J W. Uncertainty: Measures, research, and sources of variation [J]. Academy of Management Journal, 1975, 18 (3): 562 -578.

[80] DUAN L, BINBASIOGLU M. An ensemble framework for community detection [J]. Journal of Industrial Information Integration, 2017 (5): 1 -5.

[81] DUNCAN R B. Characteristics of organizational environments and perceived environmental uncertainty [J]. Administrative Science Quarterly, 1972, 17 (3): 313 -327.

[82] DUNCAN R. B. The ambidextrous organization: Designing dual structures for innovation [J]. Management of Organization Design, 1976 (1): 167 -188.

[83] EASTERBY-SMITH M, PRIETO I M. Dynamic capabilities and

knowledge management: An integrative role for learning [J]. British Journal of Management, 2008, 19 (3): 235 – 249.

[84] EIJDENBERG E L, PAAS L J, MASUREL E, et al. Decision-making and small business growth in Burundi [J]. Journal of Entrepreneurship in Emerging Economies, 2017, 9 (1): 35 – 64.

[85] EISENHARDT K M, MARTIN J A. Dynamic capabilities: What are they? [J]. Strategic Management Journal, 2000, 21 (11): 1105 – 1121.

[86] ENSLEY M D, PEARSON A W, AMASON A C. Understanding the dynamics of new venture top management teams: cohesion, conflict, and new venture performance [J]. Journal of Business Venturing, 2002, 17 (4): 365 – 386.

[87] FAIRHURST G T, PUTNAM L L. An integrative methodology for organizational oppositions: Aligning grounded theory and discourse analysis [J]. Organizational Research Methods, 2019, 22 (4): 917 – 940.

[88] FANG T. Cross cultural management a critique of Hofstede's fifth cultural dimensions [J]. International Journal of Cross-Cultural Management, 2003, 3 (3): 347 – 368.

[89] FANG T. Parachuting internationalization: A study of four scandinavian firms entering China [J]. Cross Cultural & Strategic Management, 2017, 24 (11): 554 – 590.

[90] FANG T. Yin Yang: A new perspective on culture [J]. Management & Organization Review, 2011, 8 (1): 25 – 50.

[91] FARAJ S, YAN A. Boundary work in knowledge teams [J]. Journal of Applied Psychology, 2009, 94 (3): 604 – 617.

[92] FISCHER E, REUBER R. Social interaction via new social

media: (How) Can Interactions on Twitter affect effectual thinking and behavior? [J]. Journal of Business Venturing, 2015, 26 (1): 1-18.

[93] FISHER G. Effectuation, causation, and bricolage: A behavioral comparison of emerging theories in entrepreneurship research [J]. Entrepreneurship Theory & Practice, 2012, 36 (5): 1019-1051.

[94] FUTTERER F, SCHMIDT J, HEIDENREICH S. Effectuation or causation as the key to corporate venture success? Investigating effects of entrepreneurial behaviors on business model innovation and venture performance [J]. Long Range Planning, 2018, 51 (1): 64-81.

[95] GABRIELSSON J, POLITIS D. Career motives and entrepreneurial decision-making: Examining preferences for causal and effectual logics in the early stage of new ventures [J]. Small Business Economics, 2011, 36 (3): 281-298.

[96] GERLOFF E A, MUIR N K, BODENSTEINER W D. Three components of perceived environmental uncertainty: An exploratory analysis of the effects of aggregation [J]. Journal of Management, 1991, 17 (4), 749-768.

[97] GHOSH D, WILLINGER G L. Management control systems, environmental uncertainty, and organizational slack: Empirical evidence [J]. Advances in Management Accounting, 2012 (21): 87-117.

[98] GIBSON C B, BIRKINSHAW J. The antecedents, consequences, and mediating role of organizational ambidexterity [J]. Academy of Management Journal, 2004, 47 (2): 209-226.

[99] HAANS R F, PIETERS C, HE Z L. Thinking about U: theorizing and testing U-and inverted U-shaped relationships in strategy research [J]. Strategic Management Journal, 2016, 37 (7): 1177-1195.

[100] HANSEN E L. Entrepreneurial networks and new organization growth [J]. Entrepreneurship Theory and Practice, 1995, 19 (4): 7-19.

[101] HARRINGTON R J, KENDAL K W L. How certain are you measuring environmental dynamism and complexity? A multitrait-multimethod approach [J]. Journal of Hospitality & Tourism Research, 2005, 29 (2): 245-273.

[102] HE Z L, WONG P K. Exploration vs. exploitation: An empirical test of the ambidexterity hypothesis [J]. Organization Science, 2004, 15 (4): 481-494.

[103] HELFAT C E, PETERAF M A. The dynamic Resource-based view: Capability lifecycles. Strategic Management Journal, 2003, 24 (10): 997-1010.

[104] HERN NDEZ-CARRI N C, CAMARERO-IZQUIERDO C, GUTI RREZ-CILL N J. Entrepreneurs' social capital and the economic performance of small businesses: the moderating role of competitive intensity and entrepreneurs' experience [J]. Strategic Entrepreneurship Journal, 2017, 11 (1): 61-89.

[105] HMIELESKI K M, COLE M S, BARON R A. Shared authentic leadership and new venture performance [J]. Journal of Management, 2012, 38 (5): 1476-1499.

[106] HODGKINSON G P, HEALEY M P. Psychological foundations of dynamic capabilities: reflexion and reflection in strategic management [J]. Strategic Management Journal, 2011, 32 (13): 1500-1516.

[107] INKPEN A C, TSANG E W K. Social capital, networks, and knowledge transfer [J]. The Academy of Management Review, 2005, 30 (1): 146-165.

[108] JAHANSHAHI A A. Disentangling the emergence of perceived environmental uncertainty among technology entrepreneurs [J]. Kybernetes, 2016, 45 (6): 962-976.

[109] JANSEN J J P, VAN Den BOSCH F A J, VOLBERDA H W. Exploratory innovation, exploitative innovation, and performance: Effects of organizational antecedents and environmental moderators [J]. Management Science, 2006, 52 (11): 1661-1674.

[110] JARZABKOWSKI P, LE J K, DEVEN A H V. Responding to competing strategic demands: How organizing, belonging, and performing paradoxes coevolve [J]. Strategic Organization, 2013, 11 (3): 245-280.

[111] JIANG Y, TORNIKOSKI E T. Perceived uncertainty and behavioral logic: temporality and unanticipated consequences in the new venture creation process. Journal of Business Venturing, 2019, 34 (1): 23-40.

[112] JING R, VAN de VEN A H. A yin-yang model of organizational change: The case of Chengdu bus group. Management and Organization Review, 2014, 10 (1): 29-54.

[113] JOHNSON E A C. Efficiency, flexibility, or both? Evidence linking strategy to performance in small firms [J]. Strategic Management Journal, 2010, 26 (13): 1249-1259.

[114] KAZANJIAN R K. Relation of dominant problems to stages of growth in technology based new ventures [J]. Academy of Management Journal, 1988, 31 (2): 257-279.

[115] KNIGHT E, HARVEY W. Managing exploration and exploitation paradoxes in creative organizations [J]. Management Decision, 2015,

53 (4): 809-827.

[116] KNIGHT F H. Risk, uncertainty, and profit [M]. Lowa City: Houghton Mifflin Company, 1921.

[117] KRISTINSSON K, CANDI M, SÆMUNDSSON R J. The relationship between founder team diversity and innovation performance: The moderating role of causation logic [J]. Long Range Planning, 2016, 49 (4): 464-476.

[118] LAINE I, GALKINA T. The interplay of effectuation and causation in decision making: Russian SMEs under institutional uncertainty [J]. International Entrepreneurship and Management Journal, 2016 (13): 905-941.

[119] LARRAFIETA B, ZAHRA S A, GONZALEZ J L G. Enriching strategic variety in new ventures through external knowledge [J]. Strategic Direction, 2012, 27 (10): 522-523.

[120] LAVIE D, STETTNER U, TUSHMAN M L. Exploration and exploitation within and across organizations [J]. Academy of Management Annals, 2010, 4 (1): 109-155.

[121] LEANA C R, BARRY B. Stability and change as simultaneous experiences in organizational life [J]. Academy of Management Review, 2000, 25 (4): 753-759.

[122] LEUG R, BORISOV B. Archival or perceived measures of environmental uncertainty? Conceptualization and new empirical evidence [J]. European Management Journal, 2014, 32 (4): 658-671.

[123] LEWIS M W. Exploring paradox: toward a more comprehensive guide [J]. Academy of Management Review, 2000, 25 (4): 760-776.

[124] LI P P, LI Y, LIU H. The exploration exploitation link re-

framed from paradox into duality. Working Paper, Copenhagen Business School. 2012.

[125] LI P P. Global Implications of the Indigenous Epistemological System from the East [J]. Cross Cultural & Strategic Management, 2016, 23 (1): 42 –77.

[126] LI P P. The unique value of Yin-Yang balancing: A critical response [J]. Management and Organization Review, 2014, 10 (2), 321 – 332.

[127] LI P P. Toward an integrative framework of indigenous research: The geocentric implications of Yin-Yang balance [J]. Asia Pacific Journal of Management, 2012, 29 (4): 849 –872.

[128] LI P P. Towards a geocentric framework of organizational form: A holistic, dynamic and paradoxical approach [J]. Organization Studies, 1998, 19 (5): 829 –861.

[129] LIN D, LU J, LI P P, et al. Balancing formality and informality in business exchanges as a duality: A comparative case study of returnee and local entrepreneurs in China [J]. Management & Organization Review, 2015, 11 (2): 315 –342.

[130] LIN Y H, CHEN C J, LIN B W. The influence of strategic control and operational control on new venture performance [J]. Management Decision, 2017, 55 (5): 1042 –1050.

[131] LUEG R, BORISOV B G. Archival or perceived measures of environmental uncertainty? Conceptualization and new empirical evidence. European Management Journal, 2014, 32 (4): 658 –671.

[132] LUO Y, PENG M W. Learning to compete in a transition economy: Experience, environment, and performance [J]. Journal of In-

ternational Business Studies, 1990, 30 (2): 269-295.

[133] LUO Y, ZHENG Q. Competing in complex cross-cultural world [J]. Cross Cultural & Strategic Management, 2016, 23 (2): 386-392.

[134] MAINE E, SOH P H, SANTOS N D. The role of entrepreneurial decision-making in opportunity creation and recognition [J]. Technovation, 2015, 39 (5): 53-72.

[135] MAITLIS S. The social processes of organizational sensemaking [J]. Academy of Management Journal, 2005, 48 (1): 21-49.

[136] MARCH J G, SIMON H A. Organizations [M]. New York: John Wiley & Sons, 1958.

[137] MARCH J G. Exploration and exploitation in organizational learning [J]. Organization Science, 1991, 2 (2): 71-87.

[138] MARINE AGOGUÉ, LUNDQVIST M, MIDDLETON K W. Mindful deviation through combining causation and effectuation: A design theory-based study of technology entrepreneurship [J]. Creativity and Innovation Management, 2015 (4): 629-644.

[139] MAUER R, WUEBKER R, SCHL TERJ, et al. Prediction and control: an agent-based simulation of search processes in the entrepreneurial problem space [J]. Strategic Entrepreneurship Journal, 2017, 12 (3): 237-260.

[140] MCDOUGALL P P, ROBINSON R B. New venture strategies: An empirical identification of eight archetypes of competitive strategies for entry [J]. Strategic Management Journal, 1990, 11 (6): 447-467.

[141] MCKELVIE A, DETIENNE D R, CHANDLER G N. What is the appropriate dependent variable in effectuation research [J]. Frontiers of Entrepreneurship Research, 2013, 33 (4): 1-15.

[142] MCKELVIE A, HAYNIE J M, GUSTAVSSON V. Unpacking the uncertainty construct: Implications for entrepreneurial action [J]. Journal of Business Venturing, 2011, 26 (3): 273 - 292.

[143] MILES R E, SNOW C C, MEYER A D, et al. Organizational strategy, structure, and process [J]. Academy of Management Review, 1978, 3 (3): 546 - 562.

[144] MILLER D, FRIESEN P. Strategy-making and environment: the third link [J]. Strategic Management Journal, 1983, 4 (3): 221 - 235.

[145] MILLIKEN F J. Three types of perceived uncertainty about the environment: State, effect, and response uncertainty [J]. Academy of Management Review, 1987, 12 (1): 133 - 146.

[146] MTHANTI T S, URBAN B. Effectuation and entrepreneurial orientation in high-technology firms [J]. Technology Analysis and Strategic Management, 2014, 26 (2): 121 - 133.

[147] OCASIO W. Towards an attention-based view of the firm [J]. Strategic Management, 1997, 18 (6): 187 - 206.

[148] O'REILLY C A, TUSHMAN M L. Organizational ambidexterity: Past, present and future [J]. Academy of Management Perspectives, 2013, 27 (4): 323 - 338.

[149] ORTEGA A M, GARCIA M T, SANTOS M V. Effectuation-causation: what happens in new product development [J]. Management Decision, 2017, 55 (8): 1717 - 1735.

[150] PENG K, NISBETT R E. Culture, dialectics, and reasoning about contradiction [J]. American Psychologist, 1999, 54 (9): 741 - 754.

[151] PENROSE E. The Theory of the Growth of the Firm [M]. London: Basil Blackwell, 1959.

[152] PERRY J T, CHANDLER G N, MARNOVA G. Entrepreneurial effectuation: A review and suggestions for future research [J]. Entrepreneurship Theory and Practice, 2012, 36 (4): 837 – 861.

[153] PHUA F T T. Does senior executives' perception of environmental uncertainty affect the strategic functions of construction firms? [J]. International Journal of Project Management, 2007, 25 (8): 753 – 761.

[154] PIASKOWSKA D, TROJANOWSKI G. Twice as smart? The importance of managers' formative-years' international experience for their international orientation and foreign acquisition decisions [J]. British Journal of Management, 2014, 25 (1): 40 – 57.

[155] PIERCE J R, AGUINIS H. The too-much-of-a-good-thing effect in management [J]. Journal of Management, 2013, 39 (2): 313 – 338.

[156] POLITIS D. Does prior start-up experience matter for entrepreneurs' learning? A comparison between novice and habitual entrepreneurs [J]. Journal of Small Business and Enterprise Development, 2008, 15 (3): 472 – 489.

[157] PORTER M E. Competitive strategy: Techniques for analyzing industries and competitors [J]. Social Science Electronic Publishing, 1980 (2): 86 – 87.

[158] PROTOGEROU A, CALOGHIROU Y, LIOUKAS S. Dynamic capabilities and their indirect impact on firm performance [J]. Industrial and Corporate Change, 2012, 21 (3): 615 – 647.

[159] PUTNAM L L, FAIRHURST G T, BANGHART S, et al.

Contradictions, dialectics, and paradoxes in organizations: A constitutive approach [J]. The Academy of Management Annals, 2016, 10 (1): 65 – 171.

[160] RAISCH S, BIRKINSHAW J, PROBST G, et al. Organizational ambidexterity: balancing exploitation and exploration for sustained performance [J]. Organization Science, 2009, 20 (4): 685 – 695.

[161] RAISCH S, BIRKINSHAW J. Organizational ambidexterity: Antecedents, outcomes, and moderators [J]. Journal of Management, 2008, 34 (3): 375 – 409.

[162] READ S, SARASVATHY S D. Knowing what to do and doing what you know: Effectuation as a form of entrepreneurial expertise [J]. Journal of Private Equity, 2005, 9 (1): 45 – 62.

[163] REYMEN I M M J, ANDRIES P, BERENDS H, et al. Understanding dynamics of strategic decision making in venture creation: A process study of effectuation and causation [J]. Strategic Entrepreneurship Journal, 2016, 9 (4): 351 – 379.

[164] REYMEN I, BERENDS H, OUDEHAND R, et al. Decision making for business model development: A process study of effectuation and causation in new technology-based ventures [J]. R&D Management, 2017, 47 (4): 595 – 606.

[165] RUIZ J A, FUENTES-FUENTES M M, MARTÍNEZ-FIESTAS M. Effectuation or causation to promote innovation in technology-based SMEs? The effects of strategic decision-making logics [J]. Technology Analysis and Strategic Management, 2020, 33 (1): 797 – 812.

[166] RUIZ-JIMÉNEZ J M, RUIZ-ARROYO M, FUENTES-FUENTES M. The impact of effectuation, causation, and resources on new ven-

ture performance: novice versus expert entrepreneurs [J]. Small Business Economics, 2020 (5): 1761 -1781.

[167] RUST A F. The impact of following a causation versus an effectuation approach on the survival of nascent entrepreneurial ventures in dynamic industries [J]. Effectuation, 2010: 1 -71.

[168] RUTHERFORD M W, COOMBES S, MAZZEI M J. The impact of bootstrapping on new venture performance and survival: A longitudinal analysis [J]. Frontiers of Entrepreneurship Research, 2012, 2 (12): 1 -16.

[169] SARASVATHY S D, DE W N, READ S, et al. Designing Organizations that Design Environments: Lessons from Entrepreneurial Expertise [J]. Organization Studies, 2008, 29 (3): 331 -350.

[170] SARASVATHY S D. Causation and effectuation: Toward a theoretical shift from economic inevitability to entrepreneurial contingency [J]. Academy of management Review, 2001, 26 (2): 243 -263.

[171] SARASVATHY S D. Effectual reasoning in entrepreneurial decision making: Existence and bounds [J]. Academy of Management, 2001 (1): 1 -6.

[172] SARASVATHY S, DEW N. New market creation through transformation. Journal of Evolutionary Economics, 2005, 15 (5): 533 -565.

[173] SARASVATHY S, SIMON H, LAVE L. Perceiving and managing business risks: Differences between entrepreneurs and bankers [J]. Journal of Economic Behavior and Organization, 1998, 33 (2): 207 -226.

[174] SCHAD J, LEWIS M W, RAISCH S, et al. Paradox research

in management science: Looking back to move forward [J]. Academy of Management Annals, 2016, 10 (1): 1 – 60.

[175] SCHAD J, LEWIS M, SMITH W. Quo vadis, paradox? Centripetal and centrifugal forces in theory development [J]. Strategic Organization, 2019 (17): 107 – 119.

[176] SCHWEIZER R. Decision-making during small and medium sized enterprises'internationalization-effectuation vs. causation [J]. Journal International Business and Entrepreneurship Development, 2015, 8 (1): 22 – 41.

[177] SIRMON D G, HITT M A, IRELAND R D, et al. Resource orchestration to create competitive advantage breadth, depth, and life cycle effects [J]. Journal of Management, 2011, 37 (5): 1390 – 1412.

[178] SMITH W K, LEWIS M W. Toward a theory of paradox: A dynamic equilibrium model of organizing [J]. Academy of management Review, 2011, 36 (2): 381 – 403.

[179] SMITH W K, TUSHMAN M L. Managing strategic contradictions: a top management model for managing innovation streams [J]. Organization Science, 2005, 16 (5): 522 – 536.

[180] SMITH W, TUSHMAN M. Managing strategic contradictions: A top management model for managing innovation streams [J]. Organization Science, 2005 (16): 522 – 536.

[181] SMOLKA K M, VERHEUL I, BURMEISTER-LAMP K, et al. Get it together! Synergistic effects of causal and effectual decision-making logics on venture performance [J]. Entrepreneurship Theory and Practice, 2018, 42 (4): 571 – 604.

[182] STERMAN J D. Business dynamics: systems think-ing and

modeling for a complex world [M]. New York: McGraw-Hill Companies, Inc, 2000.

[183] SVENSRUD E, ÅSVOLL H. Innovation in large corporations: A development of the rudimentary theory of effectuation [J]. Academy of Strategic Management Journal, 2012, 11 (1): 59 – 90.

[184] TAN J J, LITSSCHERT R J. Environment-strategy relationship and its performance implications: An empirical study of Chinese electronics industry [J]. Strategic Management Journal, 1994, 15 (1): 1 – 20.

[185] TEECE D J, PISANO G, SHUEN A. Dynamic capabilities and strategic management [J]. Strategic Management Journal, 1997, 18 (7): 509 – 533.

[186] TEECE D J. Explicating dynamic capabilities, the nature and micro foundations of (sustainable) enterprise performance [J]. Strategic Management Journal, 2007, 28 (13): 1319 – 1350.

[187] TEECE D, PISANO G. The dynamic capabilities of firms: An introduction [J]. Industrial and Corporate Change, 1994, 3 (3): 537 – 556.

[188] TSENG C. Connecting self-directed learning with entrepreneurial learning to entrepreneurial performance [J]. International Journal of Entrepreneurial Behavior & Research, 2003, 19 (4): 425 – 446.

[189] TURNER N, SWART J, MAYLOR H. Mechanisms for managing ambidexterity: a review and research agenda [J]. Journal of Management Reviews, 2013, 15 (3): 317 – 32.

[190] WALDMAN D, PUTNAM L, MIRON-SPEKTOR E, et al. The role of paradox theory in decision making and management research [J]. Organizational Behavior and Human Decision Processes, 2019, 155:

1－6.

[191] WANG C L, AHMED P K. Dynamic capabilities: A review and research agenda [J]. International Journal of Management Reviews, 2007, 9 (1): 31－51.

[192] WANG C L, SENARATNE C, RAFIQ M. Success traps, dynamic capabilities and firm performance [J]. British Journal of Management, 2015, 26 (1): 26－44.

[193] WELTER C, KIM S. Effectuation under risk and uncertainty: A simulation model [J]. Journal of Business Venturing, 2018, 33 (1): 100－116.

[194] WERHAHN D, MAUER R, FLATTEN T, et al. Validating effectual orientation as strategic direction in the corporate context [J]. European Management Journal, 2015, 33 (5): 305－313.

[195] WILHELM H SCHLOMER M, MAURER I. How dynamic capabilities affect the effectiveness and efficiency of operating routines under high and low levels of environmental dynamism [J]. British Journal of Management, 2015, 26 (2): 327－345.

[196] WILTBANK R, DEW N, SARASVATHY S D, et al. What to do next? The case for non-predictive strategy [J]. Social Science Electronic Publishing, 2006, 27 (10): 981－998.

[197] WILTBANK R, READ S, DEW N, et al. Prediction and control under uncertainty: outcomes in angel investing [J]. Journal of Business Venturing, 2009, 24 (2): 116－133.

[198] YANG X, SUN S L, ZHAO X. Search and execution: Examining the entrepreneurial cognitions behind the lean startup model [J]. Small Business Economics, 2019, 52 (3): 667－679.

[199] YU CL, WANG F, BROUTHERS K D. Competitor identification, perceived environmental uncertainty, and firm performance [J]. Canadian Journal of Administrative Sciences/Revue Canadienne des Sciences del' Administration, 2016, 33 (1): 21 -35.

[200] YU X, TAO Y, TAO X, et al. Managing uncertainty in emerging economies: The interaction effects between causation and effectuation on firm performance [J]. Technological Forecasting and Social Change, 2018, 135 (OCT.): 121 -131.

[201] ZAHRA S A, SAPIENZA H J, DAVIDSSON P. Entrepreneurship and dynamic capabilities: A review, model and research agenda [J]. Journal of Management Studies, 2006, 43 (4): 917 -955.

[202] ZAHRA S A, NEUBAUM D O, EL-HAGRASSE Y G M. Competitive analysis and new venture performance: Understanding the impact of strategic uncertainty and venture origin [J]. Entrepreneurship Theory and Practice, 2017, 27 (1): 1 -28.

[203] ZAHRA S A. A conceptual model of entrepreneurship as firm behavior: A critique and extension [J]. Entrepreneurship: Theoryand-Practice, 1993, 17 (4): 5 -21.

[204] ZAHRA S A. Technology strategy and new venture performance: A study of corporate-sponsored and independent biotechnology ventures [J]. Journal of business venturing, 1996, 11 (4): 289 -321.

[205] ZHANG H Y, OUAY, ANNE ST, et al. CEO humility, narcissism and firm innovation: A paradox perspective on CEO traits. [J]. Leadership Quarterly, 2017, 28 (5): 585 -604.

[206] ZHANG J A, EDGAR F, GEARE A, et al. The interactive effects of entrepreneurial orientation and capability-based HRM on firm per-

formance: The mediating role of innovation ambidexterity [J]. Industrial Marketing Management, 2016, 59: 131-143.

[207] ZHANG Y, WALDMAN D A, HAN Y L, et al. Paradoxical leader behaviors in people management: Antecedents and consequences [J]. Academy of Management Journal, 2015, 58 (2): 538-566.

[208] ZOLLO M, WINTER S G. Deliberate learning and the evolution of dynamic capabilities [J]. Organization Science, 2002, 13 (3): 339-351.